JN191892

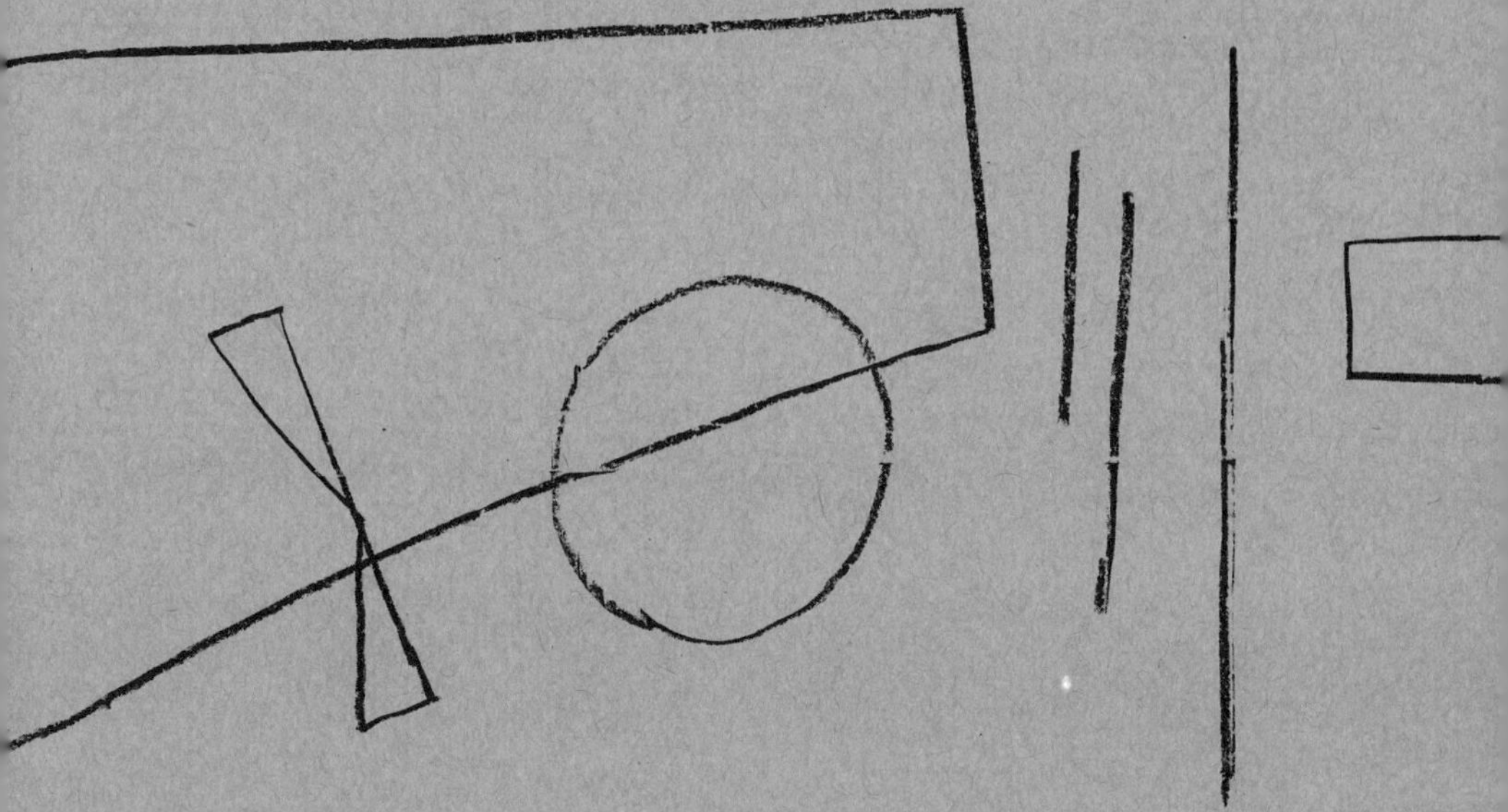

保育の変革期を乗り切る園長の仕事術

保育の質を高める
幼稚園・保育所・認定こども園の経営と実践

編著……田澤里喜・若月芳浩

中央法規

はじめに

世の中でいう園長とは、どのようなイメージなのでしょうか。私は三十数年前にこの仕事に就き、担任から主任、副園長、園長として仕事をさせていただきました。また、保育者養成の仕事にもかかわり、多くの学生と、保育者として就職する時期の相談や就職後にかかわってきました。現場の立場としても学生を送り出す立場としても多くの方々と接するなかでの感動や喜び、怒りや悲しみ、燃えたぎる内側から湧き出る情熱など、本当に貴重な時間を過ごすことができたのは、この職業に就いたからであると日々感じることが多くなりました。

しかしその一方で、「園長」とは言いがたい人の存在にも多く出会ってきました。園長のイメージを崩落させるだけでなく、働く人の立場も子どものことも保護者の思いも、全く考えることができないような人です。その場では話を合わせますが、正直言って落胆の気持ちが強くなるような方との出会いです。

そのような方は少数であると思いますが、これだけ幼稚園・保育所・認定こども園の園長といわれる人が増加し、世代交代が多く起こるなか、古い体質や考えを一新する時代の流れが起きなければならないのです。

現在起きている家庭の問題や社会の問題を見ると、乳幼児期の生活や遊びの経験が不足し、人としてまっとうに育つことができなかった人の存在が大きな問題を引き起こしていると言わざるを得ません。大変悲しいことです。少なくとも、乳幼児期の豊かな経験や遊びや学びが後の人生を豊かにすることは、多くの研究が詳らかにしています。人生の出発を担う乳幼児期に園のすべてを担う園長は、その専門性や人格、さらには地域社会の大切な人として重要な役割を担っています。

本書は、どのような立場の人であっても、組織を運営する人にとって多くの示唆があると確信しています。子どもが幸せに育つこと、保護者が家族の楽しい日々を過ごすこと、このことは人生のかけがえのない出発にとって、どの家庭にも必要なことです。その家族を支える園としての長は、その最先端で仕事をする重責があります。

この本は、園長の仕事をていねいに考え、誰もが努力しなければならないことを多くの先生方の協力によってまとめることができました。これからの日本の乳幼児期の教育・保育を担うみなさまに、力強いメッセージとして届けさせていただきました。厳しいご批判やご意見もあろうかと思いますが、編者の拙い発想で始まった書籍です。みなさまの園の質が少しでも向上し、保育者が働きやすく、保護者が安心して子どもを預けることができる園づくりのためにお役に立つことができれば幸いです。

玉川大学・四季の森幼稚園　若月芳浩

CONTENTS

第3章 園の理念を考える

第4章 チームビルディング（組織づくり）

おわりに　――田澤里喜

凡例

本書では原則として、次のように用語を統一しています。
・園長、園長先生→園長
・保育士、保育者、先生→保育者
・筆者、私→私
・子ども、こども、子供→子ども
・障害、障碍、障がい→障がい

第1章

園長の仕事をリデザインしよう

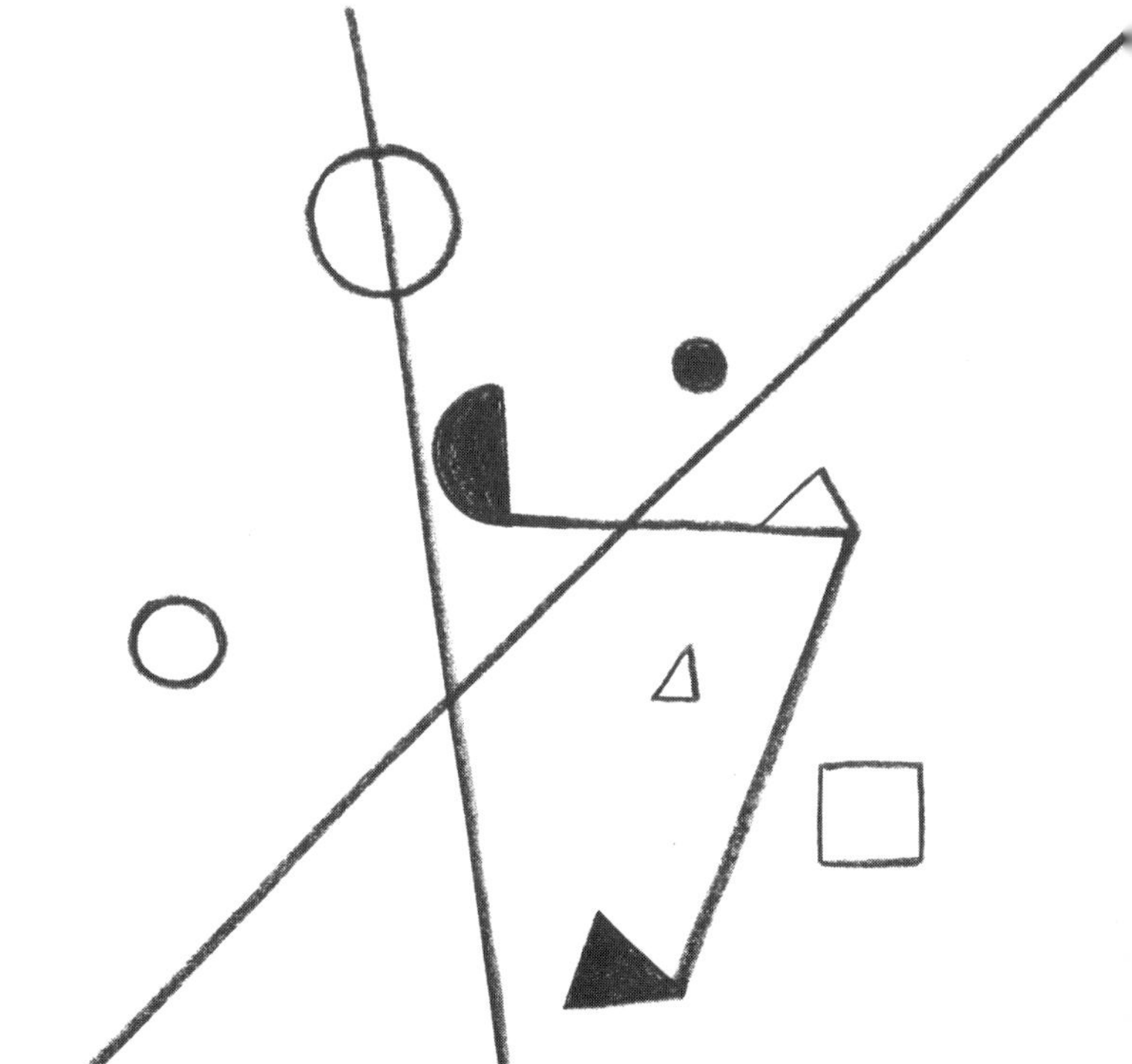

変わりつつある園長の仕事

最近、自園の保育実践を豊かに語る園長が増えていると感じています。研修会などで発表したり、園長や保育者が集まる場で実践について議論をしたりと、場や方法はさまざまですが、その実践に驚いたり、感動することがとても多いです。また、近隣の園が集まって事例発表会を開催したり、若手の園長や園長候補が集まって自分たちで勉強会を開いたりするケースも出てきています。

そこで話す園長に共通していることは、現状を変えていこう、保育の質を上げていこうという熱い思いをもって日々の仕事をしていることです。それは「子どもっておもしろい、保育って楽しい」ということが基盤になっているように感じられます。

だからこそ、子どもに一番近い保育者の育成について模索したり、安定した質の高い保育が可能になるように経営面を検討したりと、子どもや保育を中心に捉えて仕事をしています。それだけでなく、地域や家庭など、子どもを取り巻く環境についてもいろいろな意見をもち、多様な実践をしようとしています。こういう園長が増えている現状は、乳幼児期の教育・保育の未来を明るいものにすることでしょう。

一方で、これも私の実感に過ぎませんが、園長としての仕事が経営のみに偏っている人も多いように感じます。

たとえば、園長向けの研修会は補助金のことや制度などいわゆる経営的なものが多く、そういった研修会には多くの園長が参加するけれど、保育内容に関するものは現場の先生を参加させて、園長は出席しないという園が多いように感じます。

もちろん、経営的な研修を否定しているわけではありません。それらは園の運営を考えたとき必要不可欠なものです。ですが、経営だけが園長の仕事ではなく、経営と保育の両輪のバランスをとることが本来の園長の仕事のあり方です。

また、時代は変化し続けています。不易と流行、変わってはいけないものと変えていきたいことの両者が大切です。そうなると、園長の仕事の第一は時代をていねいに読むこととといえるのかもしれません。そこで、時代をていねいに読むことについて、今までの保育の歴史を振り返りつつ考えてみましょう。

時代の変遷と園の急増

戦後の日本の歴史を振り返ると、子どもが増加した時代が二度ありました。それは、1947〜49（昭和22〜24）年頃の団塊の世代の誕生（第1次ベビーブーム）と、その子どもたちである団塊ジュニアの時代（1971〜74（昭和46〜49）年頃）です（第2次ベビーブーム）。

表1-1を見るとわかるとおり、出生数、合計特殊出生率ともに、少子化といわれる現在と比べると、その人数はとても多いです。

また、第1次ベビーブームの時よりも、第2次ベビーブームのほうが、幼稚園・保育所ともに園数が大幅に増加しています。この増加の要因は、幼児の数と就園率の増加です。幼児の数が一番増加したのは第1次ベビーブームの頃ですが、当時は小学校までは家庭や地域で育てるということが普通でした。また、幼稚園はお金持ちの子どもたちが通う場所という認識があったため、幼稚園・保育所ともに就園率は低く、幼稚園の就園率はわずか7・1％（1953（昭和28年）1-1）でした。しかし、幼児はものすごい数でしたので、幼稚園の入園希望者は急増していたようです。

表1-1　出生数ほか比較

		出生数	合計特殊出生率	幼稚園数	保育所数
第1次ベビーブーム	1949年（昭和24年）	約270万人	4.32	5,426（1955年）	3,684（1950年）
第2次ベビーブーム	1973年（昭和48年）	約210万人	2.14	13,108（1977年）	14,893（1980年）
現在	2016年（平成28年）	約97.7万人	1.44	10,878（2017年）	23,410（2017年）

厚生労働省「人口動態統計」ほかを元に著者作表

第2次ベビーブームの時は、日本が高度経済成長を遂げ「一億層中流」といわれた時代で、幼稚園に通わせる家庭が増えていきました。その結果、幼稚園就園率は1980（昭和55）年には64・4％[1-2]まで上昇します。また、幼稚園と保育所を合わせた5歳児の就園率は90・0％（1979（昭和54）年）[1-3]にもなりました。それにあわせて、昭和40～50年代に、現在の半数近くの幼稚園が設立されています。園数が増えたということは、その数だけ新しい園長が同時期に誕生したともいえます。

保育のあり方の変化

さて、幼稚園や保育所の数が増え、多くの園長が誕生した当時の保育内容とは、どのようなものだったのでしょうか。幼稚園教育要領、保育所保育指針の変遷を平成元年、2年までまとめたものが表1-2

です。

この表から、2点に注目します。一つは、「望ましい経験」が6領域であったこと。もう一つが、昭和39年（指針は40年）から平成元年まで幼稚園教育要領、保育所保育指針が改訂（定）されなかったということです。その期間は25年に及びます。現在、要領や指針は10年に一度改訂（定）することになっていますから、その倍以上の期間、改訂（定）されなかったのです。

この25年間は、日本の社会が大きく変化した時代です。戦後が終わり、高度経済成長のなか、交通網も整備され、都市化が進み、さらに核家族化や専業主婦の増加など家族のあり方も変わってきた時代です。そして、先に書いたとおり、幼稚園、保育所の就園率が上昇した時期でもあります。

このように社会が大きく変わった中、教育、保育の柱となる幼稚園教育要領、保育所保育指針が変わらないことが、保育内容に影響を与えないわけがありません。

その影響として6領域が形骸化し、保育の教科化、一斉保育型※1-1の保育内容となった園が増加したと考えられます。そもそも6領域は、現在の5領域同様、教科的なものを示していたわけではありません。6領域がずっと変わらない中、健康、社会、自然、言語、絵画制作、音楽リズムを教科のごとく時間割に当てはめ、一斉保育で子ど

※1-1　一斉保育型…子どもを一斉に集めて決められたことを行う保育を指す。

表1-2　幼稚園教育要領・保育所保育指針改訂（定）の経緯

幼稚園教育要領（保育要領）	保育所保育指針
昭和23年　保育要領作成 ・幼稚園、保育所、家庭における幼児教育の在り方を示す。 ・手引書的な性格 ・幼児の経験すべきことを羅列	
昭和31年　幼稚園教育要領作成 ・保育内容について小学校との一貫性を図る。 ・個々の具体的目標を「望ましい経験」として示す。 ・「望ましい経験」を6領域に分類（健康、社会、自然、言語、絵画制作、音楽リズム） ・指導計画の作成について記述 ・小学校以上の学校教育における教科とは異なることを明示。 ・専ら幼稚園の教育課程の基準を示す。	
昭和39年　幼稚園教育要領告示 ・幼稚園教育要領が幼稚園の教育課程の基準として確立 ・幼稚園教育の小学校教育に対する独自性を明示	昭和40年　保育所保育指針作成 ・保育所の持つ機能のうち、教育に関するものは、幼稚園教育要領に準ずる。（文部・厚生両省の共同通知（昭和38年））
平成元年　幼稚園教育要領改訂 ・教育内容として5領域（健康、人間関係、環境、言葉、表現）を設定。	平成2年　保育所保育指針改定 ・対等なよこの関係が持つ価値とならび、異年齢交流を重視

出典：厚生労働省資料より一部抜粋

もに教え込む保育が多くなってきたのです。

また、同時期に就園率の増加により1園あたりの園児数も増え、なかには1クラス40人以上で保育者1名ということもあったそうです。そうなると、一人ひとりを大切にする環境というのは難しかったでしょうし、教科化、一斉保育型にすることが教育の効率化であったと予想できます。

当時の社会は大量生産、大量消費の時代で、マニュアルどおりに正しく作れることが大切にされる時代でもありました。つまり、「言われたことができること」が美徳とされた時代に要領、指針が長い期間変わらず、その間に就園率が上がるなどし、新しく園ができ、クラスの人数も多くとさまざまな要因が重なったことから教科的かつ一斉保育型で、子どもに指示を出すことが中心の保育となったと考えられます。

時代は変わりました。また、子どもの発達について多くのことがわかるようにもなりました。ですので、今の保育が当時と同じであっていいわけはありません。しかしながら、まだまだその当時と変わらず、一斉保育型の現場が多いといえるような状況ではないでしょうか。

園長の仕事って何？

困った園長像

昭和40～50年代の同じような時期に多くの幼稚園、保育所が開設し、新しい園長が誕生しているということは、代替わりをするタイミングも同じような時期であり、それがちょうど今ぐらいではないかという実感があります。特に私立の園は世襲も多いので、息子や娘にバトンタッチする時期という園も多いのではないでしょうか。

また近年、保育所の数が増加し、認定子ども園や特定地域型保育事業など新しい形態の園も増えたため、新たに園長になった人が急増しています。この本を読んでいる人のなかには、ずっと園長を続けている人のほか、園長になったばかりという人もいれば、園長候補や園長になりたいという思いの人もいるでしょう。もしかしたら、園長の思いを変えたいと読まれている人もいるかもしれません。

ここではそういう人たちを対象に、改めて園長の仕事って何？　という本質的なことを考えていきましょう。

園長の仕事といっても、経理のことや人材育成、保育内容、保護者対応など広範囲におよびます。その仕事における割合はそれぞれの園長の経歴によってずいぶん変わってきます。たとえば、担任を経験し保育の世界でずっと仕事をしてきた園長と、企業で働いた後に園長に就任した人では、その割合が異なるでしょう。また、園の置かれた状況や、理事長兼任の有無などによっても仕事のあり方は変わってきます。

しかし、ちょっと違うかな？　と思うのが、次のような園長としての仕事のあり方です。

①「保育は主任に任せているから！」と保育に無関心な園長：保育無関心型
②思いつきで（勉強しないで）保育を考える園長：勉強不足型
③今までの経験則だけで保育を語る園長：ノスタルジック型
④保育のことしか話ができない園長：保育の情熱だけ型

これらの園長の仕事の仕方は、バランスを欠いているといえるでしょう。

①の保育無関心型の園長ですが、当てはまるのは、経営重視の傾向にある園長が多いと思います。幼稚園、保育所、認定子ども園の業務内容の一番は「保育」のはずです。その保育を任せっぱなしで無関心ということはありえません。

また、②の勉強不足型の園長は、時によっては①の場合よりも悩ましい感じです。

①の園長の場合、副園長や主任保育者が、番頭で現場をていねいに指導している場合があります(それにしても園長の責任はどうなのか、とは思いますが……)。しかし②の場合は、園長が勉強不足で、その結果、その場の思いつきで、「あれしよう！　これしよう！」「それやめよう！」ということが多くなり、現場は混乱していくのです。

③のノスタルジック型の、今までの経験則だけで保育を語る園長も困ったものです。時代は変わり続けています。にもかかわらず、「昔はこうだった」「こうすると昔だったらうまくいったのに」とノスタルジックに自分の経験のみをいわれても現場は困ります。

倉橋惣三※1-2は、旧態依然とした状況を「古ぼけたゴム毬」1-4)と表現しました。そして「古ぼけたゴム毬は取りかえてやればいい。惰性化した教育は内から弾力を盛りかえすほかはない。(中略)自らを新たにする努力を欠いた教育を与えるほど、子どもに気の毒なことはない」と言っています。「自ら新たにする努力を欠いた」園長の下では、子どももそこで働く保育者も気の毒です。

④の保育の情熱だけ型の園長ですが、保育を語れない園長は困りますが、保育のことしか話ができない園長も困ります。「子どもたちのためだから」というのは正論ですが、だからといって給料がどんぶり勘定でいいわけがないし、長時間労働が許される

※1-2　倉橋惣三…日本の教育者(1882～1995年)。幼児教育の発展に寄与。日本保育学会初代会長。

わけでもありません。つまり、保育と経営双方のバランスを園長としてどう考えるかがとても大切なことになります。ですから①型のような経営のみでも、④型の保育のみでも、園長の仕事の仕方としてはバランスを欠いています。

①～④をふりかえって、どこか当てはまるようなことや、その傾向があるかもと思ったところはありますでしょうか？　ここまで極端でないにしてもどこかしら当てはまるところがあるとするならば、一度立ち止まって考えてみる必要があるでしょう。

私は①～④それぞれもしくは複合している園長に会ったことがあります。そのなかでも保育に対して①無関心型、②勉強不足型の先生が多いような気がします。当然のことながらそれではいけないのです。なぜいけないのか、一つ例を挙げましょう。

幼稚園、保育所にはそれぞれ幼稚園幼児指導要録、保育所児童保育要録があります。子ども一人ひとりの成長をまとめる大切な公文書です。

幼稚園の指導要録について、学校教育法施行規則には次のような記載があります。

第二十四条　校長は、その学校に在学する児童等の指導要録（中略）を作成しなければならない。

また、保育要録については、平成30年（２０１８）に厚生労働省より「保育所保育指針の施行に際しての留意事項について」という通知が出ており、そこに次の文章があります。

２．小学校との連携について

(1)保育所児童保育要録の取扱いについて

施設長の責任の下、担当の保育士が記載すること。

つまり、幼稚園、保育所（認定こども園も同様）では、要録の記載の責任は園長となります。実際に要録を記載するのは担任教諭や保育者でしょうが、園長として、チェックも確認も話し合いもしないわけにはいきません。

要録は子どもの「学籍並びに指導の過程及びその結果の要約」[1-5]であり、小学校へとつながる大切な書類です。だからこそ園長が要録の記載の責任をとるということになっているのですが、保育に対して無関心であっては、責任をとることはできません。また、保育をしっかりと学び、質の向上を考えていかないと、指導の過程を見る目をもつことはできないでしょう。

法令を持ち出さなくても、保育がわからない人に人材育成はできず、自園の保育の質の向上を考えた経営判断もできません。そう考えると園長の仕事とは、経営と保育の相乗効果を目指すことといえるかもしれません。園長

園長だからこそ保育を学び続けよう

保育を学び続けるとは？

玉川大学を創始した小原國芳は、よく次の言葉を使っていました。

「進みゆく教師のみ人に教える権利あり」

これは、学び続ける教師だけが人に教えることができるということです。この言葉は園長にもいえることだと思います。学び続ける園長のみが、保育者や保護者や子どもたちに教えることができると言い換えることができるのではないでしょうか。

園長が学び続けなければならないものとは経営と保育であり、そしてその相乗効果も考えねばなりません。どちらか一方のみに偏ると、進む方向が誤ることもあるでしょう。

幼稚園、保育所、認定子ども園の一番の事業は保育です。その保育を安定させるために経営があります。だからこそ、園長が保育を学ぶことはとても重要です。

では、園長として保育をどのように学び続けていけばいいのでしょうか？　理論と実践の双方から考えていきましょう。

理論の学びは本を読んだり、研修会に参加するのが一番身近な方法です。近年、乳幼児の教育・保育においては、いろいろなことがわかってきました。よく聞く「非認知能力」はその代表例です。そのほか、エビデンス（科学的根拠）の高い研究も増えてきたので、そうした情報を入手することが学び続ける第一歩になります（高いかどうか判断できるのも、園長の資質の一つです）。

一方、実践については、日々実践の場にいるのですから、その実践から学ぶ姿勢をもつことが大切です。

園長は保育室に行こう

あなたは、園長としてどのくらい保育室に行きますか？　もしくは、園長はどのくらい保育室に来ますか？

私は、園長は積極的に保育室に行くべきだと考えています。そんなことをしたら保育者が萎縮するという人も多いのですが、保育室に行って悪いところを見つけてきてくださいというわけではありません。そうではなく、子どものしていることを面白がったり、保育者の工夫に感心したり、さらにその意図やプロセスを保育者から聞いたりすることをすすめているのです。こうすることが、後に述べる人材育成の一環になり、何よりも園長としての勉強になります。

たとえば、写真1-1をご覧ください。これは、5歳児（年長組）の保育室に掲示されていたものです。子どもたちはどうして国旗をこんなにたくさん描いたのでしょう。これについて担任に「面白いね、これどうしてこうなったの？」と聞くことで、子どもの世界の面白さに気づくことになり、それが園長としての学びにもなります。このような学びをたくさんしている園長は、その面白さが存分に発揮できる園環境の充実を考えるようになるでしょう。そして教材などの充実、保育時間や勤務時間、人材育成、保護者への見える化など、園長の仕事が次から次へと生まれてくるはずです。

ちなみにこの写真は、運動会で万国旗を見た子どもたち数人が国旗に興味をもち、いろいろと調べて自分たちで掲示したものです。この「いろいろと調べて」の中には、調べ方を検討したり、考えたりという試行錯誤があり、単に掲示するだけでなく、最終的にみんなの前で発表するというプロセスがありました。

こういった子どもたちの思いや遊びについて、保育者同士（時には園長も一緒に）がざっくばらんに話せる職場環境の構築も、園長の仕事です。そのためには、園長自身が実践から学ぼうとする姿勢をもつことがとても大切な第一歩になります。

理論と実践を結びつける

さらに学び続ける園長として重要なのは、理論と実践が別々ではなく結びつけて語れるようになることです。そのためには、いろいろな人と議論することです。自分の立場に近い人や目標とする人、業界の先輩、後輩など、議論する人が多様であればあるほど、学びが深いものになるはずです。さらに、園長が本を読んだり、研修会に参加し、そのことを一方的に話をするのではなく、園内で保育者と議論することも、保育を語れる園長になるために重要です。加えて、他園の保育を見学したり、自園を公開することも、学びとして大切です。

数年前より、全日本私立幼稚園幼児教育研究機構が「公開保育を活用した幼児教育の質向上システム（ECEQ）」※1-3を開発しています。このような公開保育に参加したり実施することは、園長だけでなく園全体の学びにもなります。

※1-3　公開保育を活用した幼児教育の質向上システム（ECEQ）…幼稚園等が公開保育を行い、外部の視点を導入することで、同園の教育・保育の質の向上につなげるシステム。

写真1-1　5歳児の描いた国旗

保育を変えるプロセス　事例から考える園長の仕事

保育について学びを深めていくと、今までの保育に疑問をもつことが多くなったり、質を向上させようとします。現在ある園の多くは「言われたことができること」が美徳とされた時代に創設されています。創設以来同じ保育をしているのであれば、きっとこうした保育に疑問が出てくるはずです。

今の保育に疑問が生じたのであれば、保育を変える必要があります。そこで、その「保育を変える」プロセスを一つの事例から検討してみます。

◎「やらせる」保育からの脱却

写真1-2と1-3は、私の勤務する幼稚園の8年ほど前（2010年頃）の造形展の様子です。当時の造形展では、クラスごとに一つのテーマを決めて作品を造っていました。それだけでなく、模造紙に等身大の絵（年長組のみ）や紙版画などの展示もしており、子どもたちのすることが多い状態でした。

なぜそうなったのかを推察すると、当時の園長や保育者が一生懸命子どものことを考えた結果だと思います。「子どもたちにたくさんの経験をさせてあげたい」という思

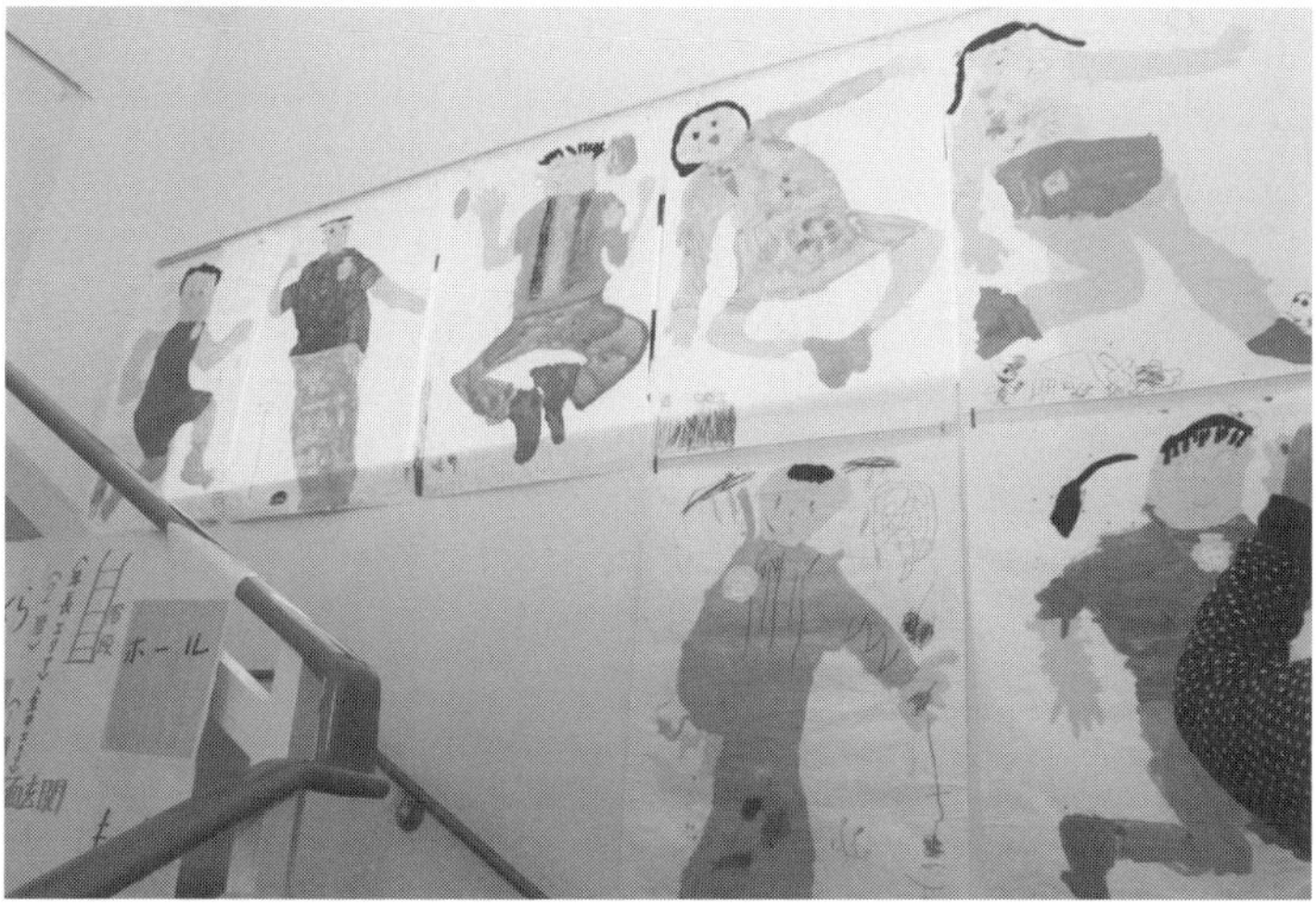

写真1-2　造形展の作品展示①

写真1-3　造形展の作品展示②

いが積み重なり、その結果、子どもがすべき活動が多くなったのでしょう。保護者も「上手にできている」「子どもってすごい」と歓迎していました。このような保育者と保護者の思いが重なり、気づいたら、活動過多の傾向になっていました。

保育とは、子どもに何かをやらせるのではなく、子どもたちが主体的、意欲的に取り組もうとする気持ちが大切なはずです。そのことを念頭に、改めて全体的な保育の見直しに着手することにしました。造形展では、等身大の絵や版画をやめて、クラスで一つのテーマを作り上げることをとことんやることにしました。すると、年々面白い事例が積み重なるようになったのです。

◎子どもが主体の造形展

そのなかの一つに「小学校を造りたい！」という子どもたちの思いをもとに始まった取り組み（2016年度）があります。

年長組のあるクラスが、造形展に向けて「何を造ろうか」と子どもたちと相談した結果、「小学校を造りたい！」という話になり、「小学校には何があるんだろう」と、クラスで意見を出し合い、それらを一度整理したのが写真1-4になります。たくさんの意見が出ましたが、「小学校って、よくわからないところもたくさんある」という意見も出たので、実際に見学に行くことにしました（写真1-5）。

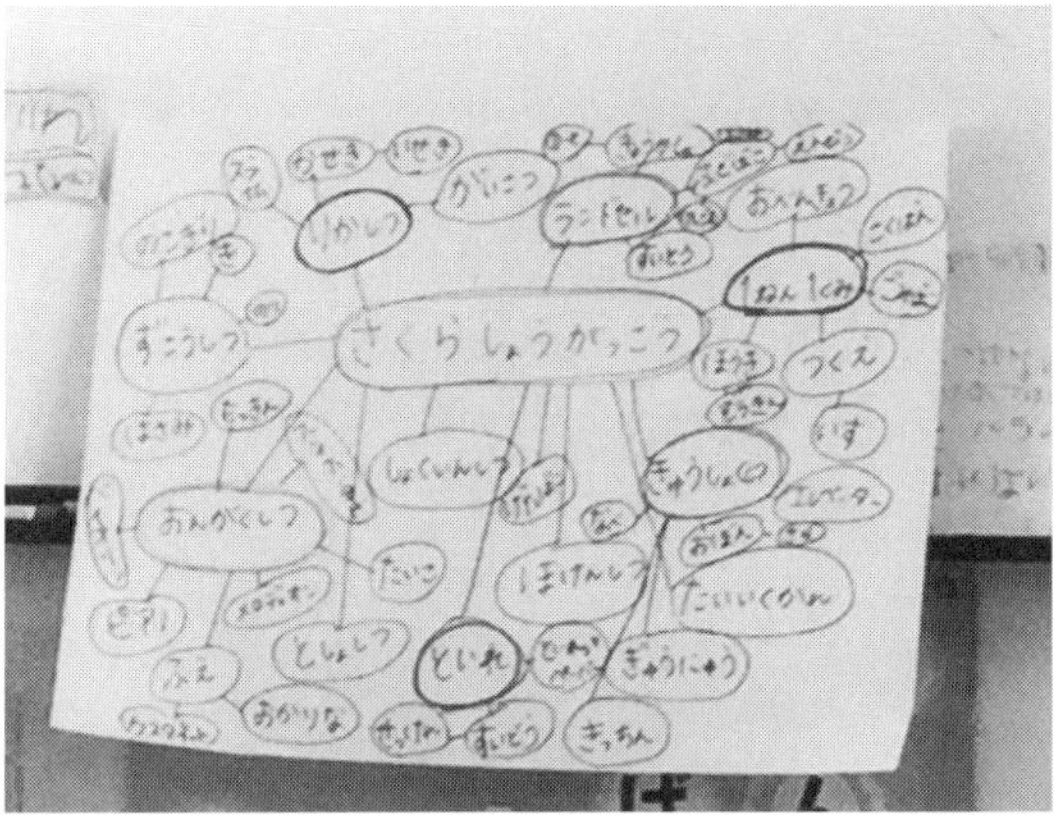

写真1-4　小学校にあるものを整理する

写真1-5　実際に小学校の見学に行った

事前に近隣の小学校に問い合わせたところ、見学を快諾してくれたので、見るポイントと質問を子どもたちと考えてから行きました。副校長先生がいろいろ案内してくださり、子どもたちの質問にも答えてくれました。そして、それをまとめた「はっけんノート」を見ながら制作を始め（写真1-6）、できあがったものの一つが、理科室の人体模型（写真1-7）です。

ほかにも、給食室のエレベーターや音楽室、ランドセルなどを造ったり、小学校の教室を造って小学校ごっこをしている子どもたちもいました。

造形展当日は、クラス全体が小学校になり、見学に来た保護者も一緒になって小学校ごっこに参加する姿が見られました（写真1-8）。保護者にはプロセスが伝わりにくいところもあるので、ドキュメンテーションを掲示し、子どもたちの思いや育ちを可視化しながら伝えました（写真1-9）。

日常の遊びへの展開

このように、活動量の多い造形展から、没頭する造形展へと変化したところ、子どもたちから「こうしたい！」「ああしよう！」と主体的な意見が出るようになりました。加えて「ここは〇〇くんが得意だよ」「〇〇さんに聞いてみよう」と、協同的に進める

写真1-6　「はっけんノート」を見ながら造形展に向けて制作を開始

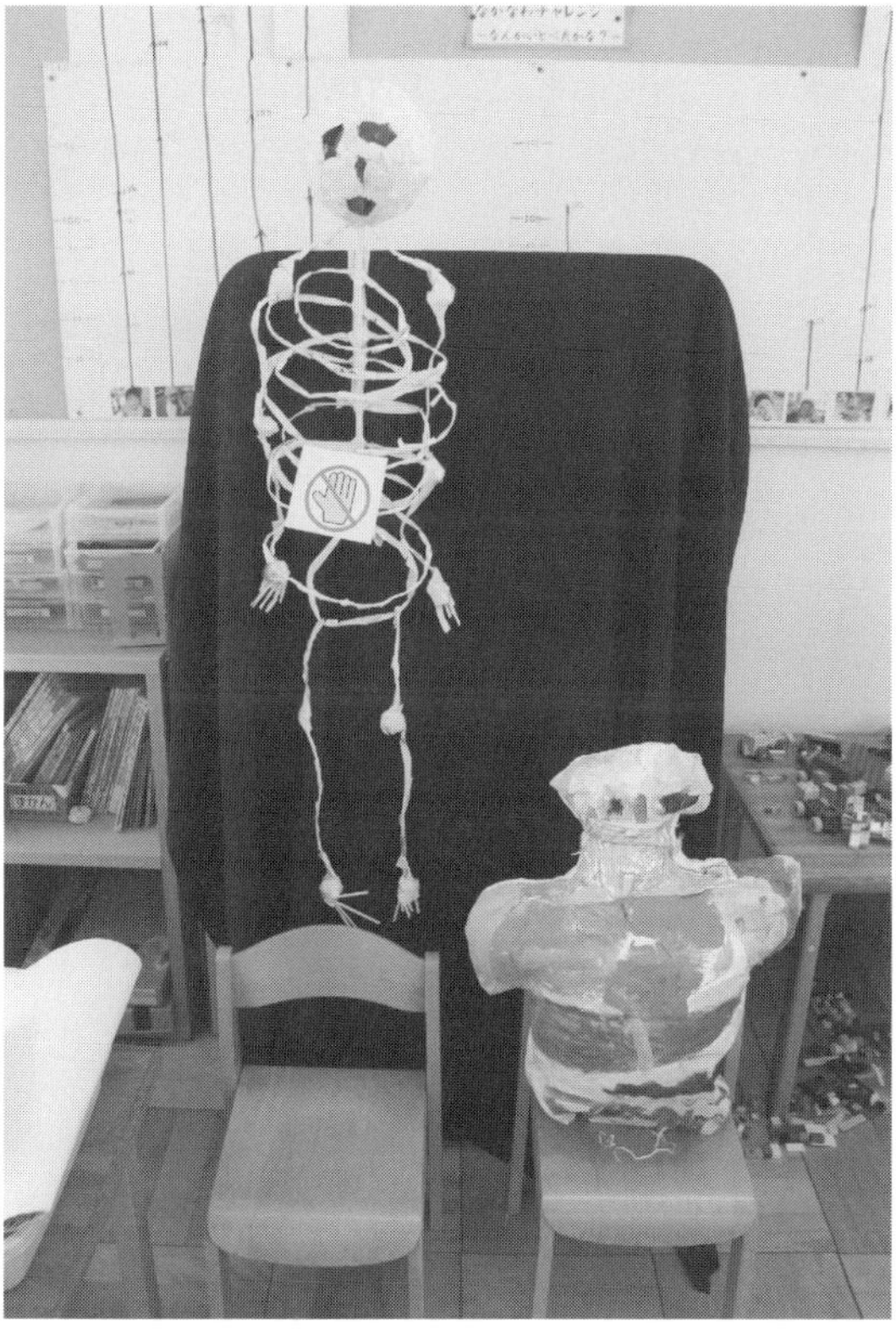

写真1-7　理科室の人体模型を製作

姿も見られてきたのです。これらは、行事に限らず日常の遊びのなかに多く現れるようになりました(第2章参照)。

子どもたちが試行錯誤しながら主体的にかかわる保育を目指すためには、保育者の工夫が欠かせません。その工夫ができるように、私は園長として次のことを実践しました。

◎活動量を減らす

以前は、造形展だけでも、等身大の絵や版画など多くの活動がありました。その活動量を減らし、遊び込める時間を作るように心がけました。

◎行事を減らす

行事は保護者も楽しみにしているので、保護者への説明が欠かせません。園長が自分の言葉で説明することで、保護者が納得することが多いと感じます。手紙を書いたり、ブログなどに記したり、同じことを繰り返し伝えたり、日頃から遊びの大切さを伝えたりと、いくつかの手段で説明していきました。厳しい意見も出ましたが、子どもの姿を見て、保護者も徐々に理解が深まったようです。

◎保育者の主体性を大切にする

主体的に動くのは楽しく、学びが大きいという実感がない人が子どもの主体性を大

写真1-8　保護者も小学校ごっこに参加

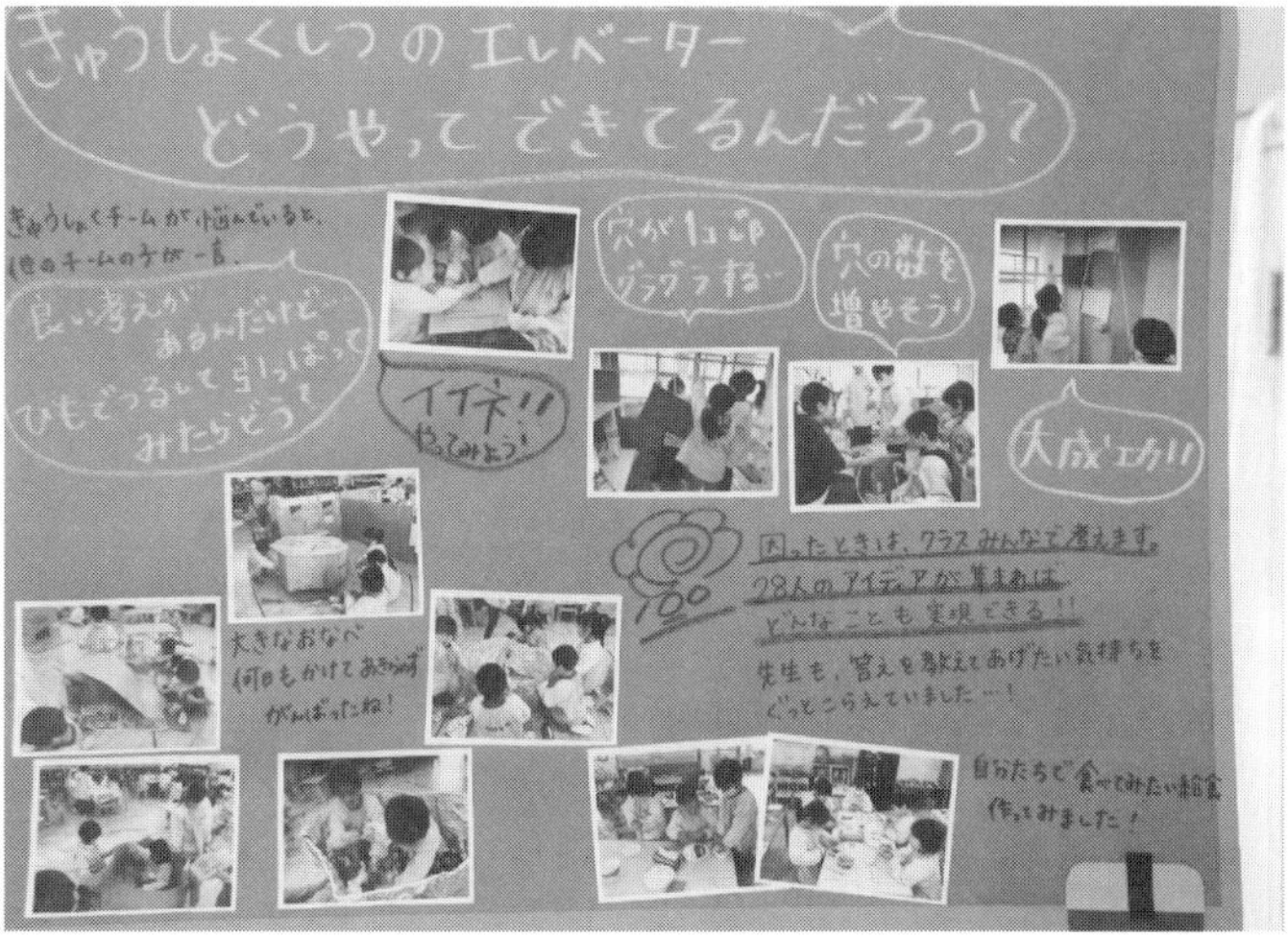

写真1-9　子どもの思いを可視化する

切にすることはありません。だからこそ、保育者自身の主体性を大切にし、子どものためにやりたいと保育者が思ったことは応援するようにしました。

◎保育で大切なことはどんなことにも通じる

保育は、人の基盤を育てる営みです。だからこそ、保育で大切にしていることは、どんなことにも通じます。子どもを肯定的に受け止めることが保育では大切にされますが、それは、保育者や保護者も同じです。人材育成では〝保育で大切にしていることと同じことをすればいい〟と考えるとわかりやすいでしょう。

麒

保育の質を高めるために

保育を変える一番の近道は、園長が保育の質の向上を真剣に考え、リーダーシップを発揮することです。しかし、いくら園長が「変えたい！」と思っていても、方法を間違えれば、うまくいくはずがありません。

教育研究家の妹尾昌俊は『思いのない学校、思いだけの学校、思いを実現する学校』[1-6]のなかで、学校が変革する実行力、思いを実現する力を高める三つの方法を挙げています。

①当事者意識を高める

②あらかじめ先例（成功事例や失敗事例）から学んでおく

③同志、仲間とともに小さな成功を見せる

この3点から、園長の立場で保育を変える、保育の質を高める方法を考えてみます。

当事者意識とは、「保育者に力がないからできない」と、園長が保育者のせいにしていては、話が進みません。そもそも、保育者を育てるのも園長の役割であり、まずは園長としてできることを探す努力をしないと、変わるための一歩も踏み出せません。

先例は、あらゆるところにあるはずです。前述の事例にみられた変化にも、ターニングポイントがありました。数年前に「お寿司屋さんをやりたい！」という子どもたちの思いから、保育者が環境構成を工夫して遊び込んでいくことがありました。その過程を他の保育者が見て「こうするんだ」「こういうことをしたい」と感じたところから変わり始めたのです。

また、他園の事例を取り入れてみるのもいいでしょう。私が自園の保育を変えようと意識したのは、他園の保育を見て刺激を受けたからです。幼稚園や保育所を見学し、質問し、議論をしながら、実践の方向性を検討していきました。

最後の同志、仲間はとても大切です。同志や仲間は、園内と園外の両方にいるといいです。

園長が一人で旗を振って園内の誰もついてこないようでは、質は低下するばかりでしょう。園内の保育者とともに保育を変えていくという気持ちが大切です。妹尾は「学校が変わるには3人必要」[1-7]としています。変えるイメージは、園長が変化の方向性を示し、同調する仲間が現れ、実践を模索し、それを見た周りも変わろうとする。また、変えたいと思う現場の保育者がいて、それを園長が応援し、その姿を見て周りも改善を試みるということもあるでしょう。いずれにせよ、仲間関係がとても大切です。この関係性は、人材育成や同僚性※1-4と密接につながります（第2章で詳しく述べます）。

園を取り巻く環境は大きく変わっています。しかしそれは、悪いことばかりではありません。変化を楽しめる時でもあり、チャレンジするには絶好の時です。だからこそ、園長の熱い思いを現場に伝え、仲間とともに、子どもの育ちが豊かになる環境ができるように、自身の仕事を見直し、リデザインしていきましょう。醍

※1-4　同僚性…保育者が個人の経験や力量だけに頼るのでなく、チームとして保育者同士が互いに尊重し、支え合い、よりよい保育を目指し高め合っていける協働的な関係性。

◉参考・引用文献

1-1）「わが国の教育の現状（昭和28年度）」文部省、1953年
1-2）「我が国の教育水準（昭和55年度）」文部省、1980年
1-3）同書
1-4）倉橋惣三『育ての心（上）』51頁、フレーベル館、1988年
1-5）文部科学省「幼稚園及び特別支援学校幼稚部における指導要録の改善について」2018年
1-6）妹尾昌俊『思いのない学校、思いだけの学校、思いを実現する学校』12頁、学事出版、2017年
1-7）同書、14頁

第2章

幼稚園、保育所、認定こども園の未来ビジョン

2040年に幼稚園が半分になる？

2017年1月、日本総合研究所（日本総研）から「保育ニーズの将来展望と対応の在り方」2-1)という論文が発表されました。その論文では「全国ベースの標準ケース※2-1では、保育所ニーズは2015年実績の233万人から、2020年には254万人になり、以降2040年までほぼ横ばいで推移する。他方、幼稚園ニーズは女性の就業率上昇が需要減要因となり、2015年の実績151万人から、2040年には64万人と半分以下になる。」2-2)という結果をデータで示しています。つまり、保育所は2020年まで増加するものの、その後は横ばい。幼稚園は減少し続け、2040年には半分になるということです。少子化対策の効果が出てくれば、また結果が異なるとしていますが、減少傾向にあることに変わりはないでしょう。

勘違いしないでほしいのは、幼稚園が認定こども園になる影響で、2040年に幼稚園の数が半分になるということではありません。これからは、廃園数が多くなるということです。減少傾向は都道府県や地域によって異なりますが、全国どこでも減少傾向に向かうそうです。

※2-1　「全国ベースの標準ケース」とは「出生率は国の中位推計、保育所利用希望割合は過去10年と同様のペースで上昇するという想定にもとづく試算結果」を示す。

さて、このような未来における園のビジョンをどのように見通しますか？　国などの行政がするべき課題もありますが、園としての自助努力も重要です。その努力の参考となる文章が、同論文にあります。

量的ニーズの減少への対応を質向上の契機と捉えつつ、スムーズに進めていくことが至上命題となる。子どもの立場を優先する良質な園が小規模であるがゆえに高コストとなって廃園に追い込まれ、他方、質が悪くとも園児囲い込みに長けた園が生き残るといった状況は回避しなければならない。[2-3)]

少子化傾向が続く今後、国や自治体における制度などの見直しが前提になりますが、この機会を「質の向上の契機」とできるかどうかが、未来へのビジョン形成に重要な視点となります。

一方で、「質が悪くとも園児囲い込みに長けた園」が生き残るという状況を回避するために、社会や保護者に質の高い保育の重要性を伝えていく必要もあります。これは、養成校の教員などの専門家と一緒に取り組んでいくことが重要でしょう。

つまり今後は、変化が続く未来に向けて保育の質の向上を目指し、それをていねいに各方面に伝えていくことが、園長の仕事としてより重要になるのです。

園長

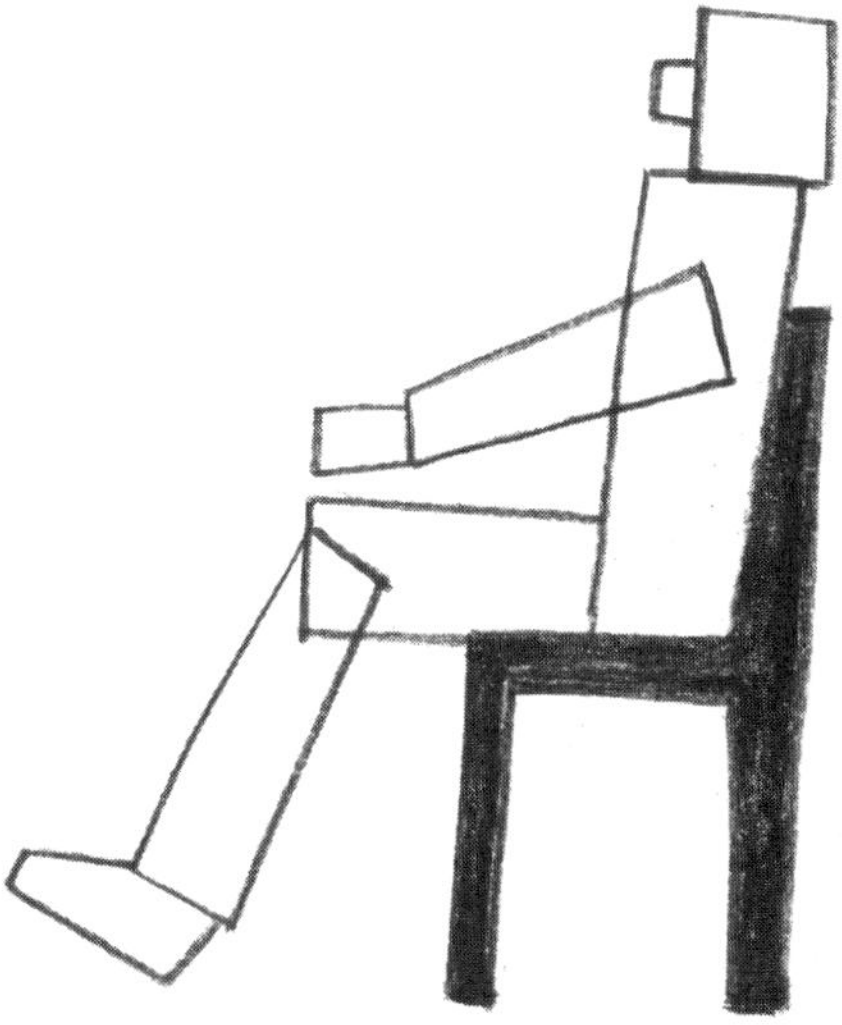

人材難を乗り切るには？

「〝保育士が足りない〟過熱する争奪戦」（ＮＨＫ「おはよう日本」２０１６年12月20日放送）
「「保育士ほしいが、難しい……」悩む自治体、家賃補助や商品券で呼び込み」（読売新聞２０１７年９月１日付）
「保育士争奪戦、東京の求人倍率は６倍に迫る」（日本教育新聞２０１７年12月１日付）

このような新聞記事やニュースのタイトルを引用するまでもなく、保育者不足の深刻さは多くの園長が感じているでしょう。これは、保育所だけの問題ではなく、幼稚園や認定こども園も同じです。養成校に勤務している私のところにも、近年、採用に関する園からの相談がとても多くなりました（その多くの相談を解決できず、心苦しいばかりです）。保育所の数が増加しているので、保育者が不足するのは当然です。加えて、勤務年数が短く保育者の回転率が高いため、保育者不足に拍車をかけている感じです。

この保育者不足を乗り切るためにどうすればいいのでしょうか。

まずは給与や待遇の改善が思いつきます。これらは努力している自治体も多く、園や法人も改善に向けて検討していることも多いです。「やりがい搾取」という言葉がありますが「子どものためだから」「やりがいある仕事だから」ということで給与が安く、待遇が悪くていいわけがありません。保育者は専門性を有する仕事なので、給与、待遇面の改善は絶対に必要です。

しかし、給与が上がれば保育者不足が改善されるのでしょうか。それだけで、園に就職したいと思う人が増えるでしょうか?

ここ数年、私が勤務する大学の学生に就職したい園を選ぶ基準を聞いていますが、毎年1位になるのは「保育内容」です。その後、「職場の人間関係」「園環境」が続き、その次に「給与」が挙がることが多いです。その年によって比率は変わりますが、「保育内容」を園選びの基準の上位に挙げる学生が多いのです。

これは一つの養成施設の調査結果に過ぎませんが、園を選ぶ基準として「保育内容」を重視する学生はどの学校も多いと思います。つまり、給与を上げただけでは就職希望者は増えないかもしれないということです。

「保育内容」を一番に考える学生が理想とする保育とは、「子どもの主体性を大切にしている」「子どもの遊びを大切にしている」「遊び重視」「子どもがのびのびと遊んで

いる」「子どもが楽しいと思える」というような保育です。
養成校では「遊びが学びである」ことが中心となる授業をしているため、これは当然といえます。保育の質の向上がここでも問題解決の糸口になっているのです。

園長

幼稚園教育要領・保育所保育指針等の改訂（定）

幼稚園教育要領、保育所保育指針、幼保連携型認定こども園教育・保育要領（以下、要領・指針）が平成29年に改訂（定）されました。3法令同時改訂（定）は初めてのことです。今回、同時に改訂（定）された意図の一つとして幼稚園、保育所、認定こども園のどこであっても、同じく幼児教育・保育が受けられることを保証したことがあります。

それは「幼児教育において育みたい資質・能力」「幼児期に終わりまでに育ってほしい姿」（10の姿）「主体的・対話的で深い学び」（アクティブ・ラーニング）といった言葉が要領・指針に同じように記されたことからもわかります（保育所保育指針には「主体的・対話的で深い学び」は書かれていませんが、同じく大切です）。

今までと同じく「環境を通して行う教育」であることに変わりはありませんが、新たに加わった視点や考え方を自園でどう実践していくのかを検討することはとても大切で、保育の質の向上につながります。

今回、要領・指針だけではなく、小学校以上の学習指導要領も改訂されました。学習指導要領の改訂は要領・指針以上に大きく、「戦後最大級の改訂」という人がいるほどです。その小学校学習指導要領に、以下の文言が追加されています。

幼児期の終わりまでに育ってほしい姿を踏まえた指導を工夫することにより、幼稚園教育要領等に基づく幼児期の教育を通して育まれた資質・能力を踏まえて教育活動を実施し、児童が主体的に自己を発揮しながら学びに向かうことが可能となるようにすること。（中略）特に、小学校入学当初においては、幼児期において自発的な活動としての遊びを通して育まれてきたことが、各教科等における学習に円滑に接続されるよう、生活科を中心に、合科的・関連的な指導や弾力的な時間割の設定など、指導の工夫や指導計画の作成を行うこと。

（小学校学習指導要領　第1章　総則より）

今回の改訂で、幼稚園等の教育を踏まえて教育活動を実施しようと、要領の柱ともいえる「総則」に書かれたことはとても大きな変化です。特に「幼児期において自発的な活動としての遊びを通して育まれてきたこと」を、保幼小の接続で大切にしようとしているところがポイントです。

「45分の授業時間、我慢して座っていられるように」といった、子どもの意欲を無視した接続ではなく、自発的な活動としての遊びを通して育まれてきた幼児期に大切にしていたものを小学校でも大事にしていくことが再確認されたのです。

中教審で幼稚園教育要領、小学校学習指導要領のそれぞれの改訂にかかわった奈須正裕（上智大学）は、著書の中で次のように述べています。

「手はお膝」「お口チャック」「手を挙げて、先生に当てられたら発言していいです」といった、まったくの教師の都合に過ぎない規律訓練を幼小接続だと考えてきた不幸な時代は、ようやく終焉の時を迎えるのです。[2-4)]

この変化を受けて、幼稚園、保育所、認定こども園はどうすればいいのでしょうか。少なくとも、先生の言うことはきちんと聞けるけれども、「次何すればいいですか」と自分で考えない子どもに育てる教育、保育ではいけないことはわかってもらえると思います。

事例から考える「主体的・対話的で深い学び」

要領・指針の改訂(定)は、保育の質の向上を検討するチャンスです。10年に一度の要領・指針の改訂(定)を、自園の保育の全体を10年に一度見直す絶好の機会と捉えるべきです。

要領・指針はこれからの時代に応じたものであり、また、いつの時代も変わらない保育の本質について書かれています。変わった部分はもちろん、変わらない部分もあらためて読み直し、園内研修で活用するなど、職員の共通理解を図りましょう。

今回の要領に新たに示された「主体的・対話的で深い学び」、いわゆるアクティブ・ラーニングについて、事例を通して考えます。

事例1:お菓子のタブレットケースがほしい(幼稚園5歳児年長組)

年長組の5月、保育室の廊下で数人の子どもたちがスーパーマーケットごっこを始めました(写真2-1)。

スーパーマーケットごっこでは、お菓子のタブレットの空ケースをICカードに見立てて、買い物をして遊んでいました。

ある日、タブレットの空ケースのフタを開けて、においをかぐと「いいにおいがする！」と気がついた子どもがいて、周りの子どもが「ホントだ！」と賛同しました。そして、どの味が一番いいにおいがするのか調査し始めたのです。それをわかりやすくするために、担任はシールを使った可視化のアイデアを提案します(写真2-2)。

タブレットケースをごっこ遊びに使ったり、いろんなにおいを集めたり調べたりしていくうちに、「もっとたくさんケースがほしいけれど、どうしたらいいだろう」という思いをもつ子どもが増え、クラスで話し合うことにしました。

話し合いではたくさんの意見が出ましたが、ケースの裏に住所が書いてあることに気づいた子どもが「ここに手紙を送れば、たくさんくれるんじゃない?」と提案し、みんなで手紙を書くことになりました。子どもたちが相談しながら文面を考え、その手紙をタブレットの会社に送ることにしました(写真2-3)。

数日後、タブレットの会社から返事が来ました(写真2-4)。ケースをもらうことはできませんでしたが、返事が来た子どもたちはとてもうれしかったようです。

このあと、ケースを改造して新たなにおいを作ったり、メンコにしたりと、多様な遊びに広がっていくのです。また、別のわからないことがあったときにも、手紙を書

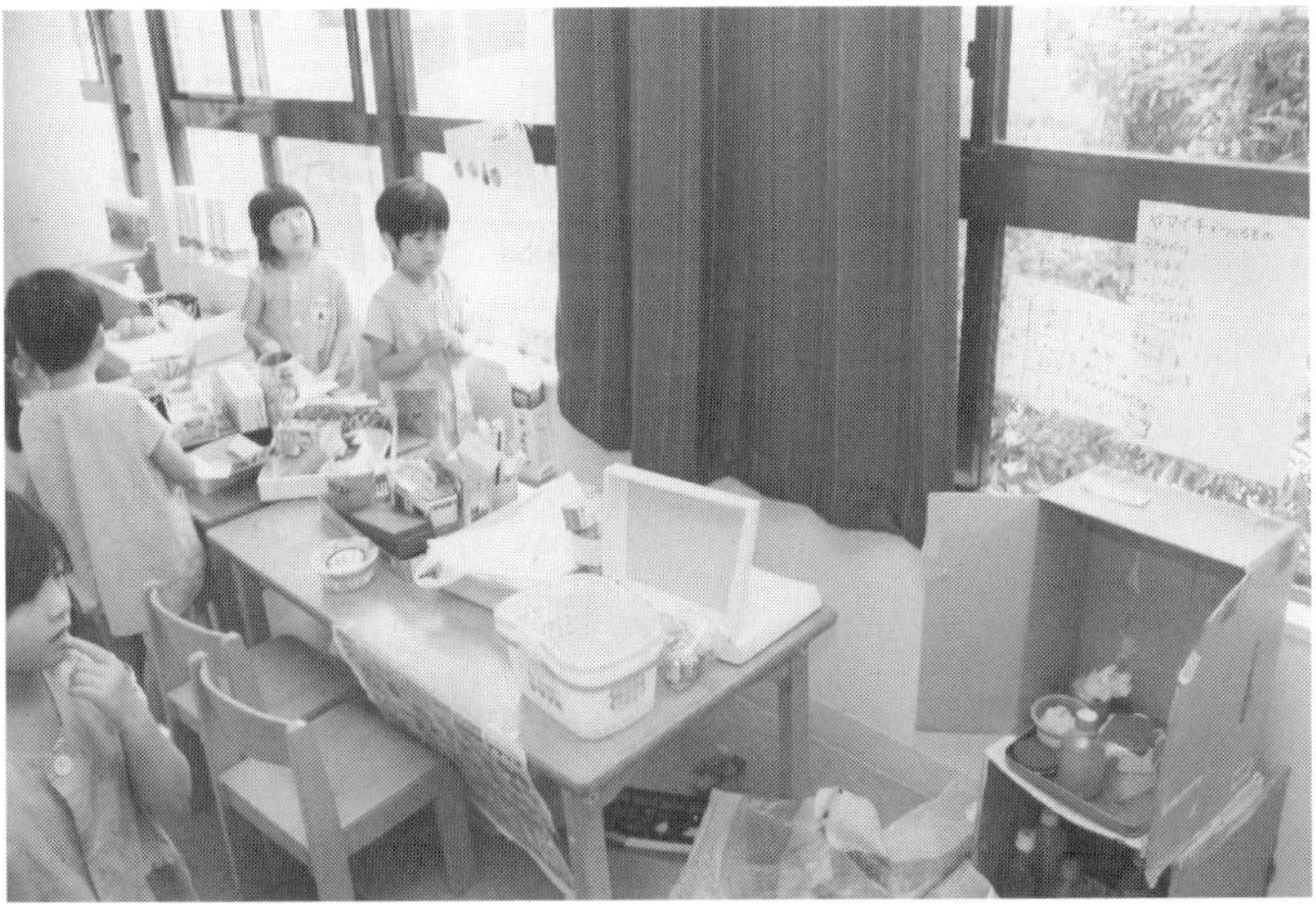

写真2-1　スーパーマーケットごっこの様子

写真2-2　シールを使った可視化のアイデア

くというアイデアを子どもが提案することもありました。

この事例はスムーズに物事が進んだようにも読めますが、たくさんの試行錯誤がありました。さらに、子どものアイデアを広げる保育者の援助や環境構成も工夫されていました。その過程のなかで子どもたちが主体的に遊びこみ、たくさんの対話が生まれたのです。

◎遊びが深まると対話が生まれる

この事例における対話とは、遊んでいる友だちとの対話だけでなく、この遊びに参加していない子どもとも相談することで、対話が生まれ、そのなかで、新たなアイデアに出会えました。また企業に手紙を送ることで社会とも対話が生まれたり、さらには他学年、保護者などにも、多様な対話が広がりました。つまり、遊びが深まるとさまざまな形の対話が生まれるのです。主体的でさまざまな形の対話が生まれると、遊びに没頭する時間が長くなり、学びの機会が増えていくのです。

さて、この事例を園内研修で取り上げ、「幼児教育において育みたい資質・能力」（図2-1）に沿って保育者間で考えてみたらどうなるでしょうか？

たとえば、知識・技能の基礎としてにおいがすることに気づき、それに共感することによってともに喜んだり、調査をするときにシールを貼るとわかりやすいという規則

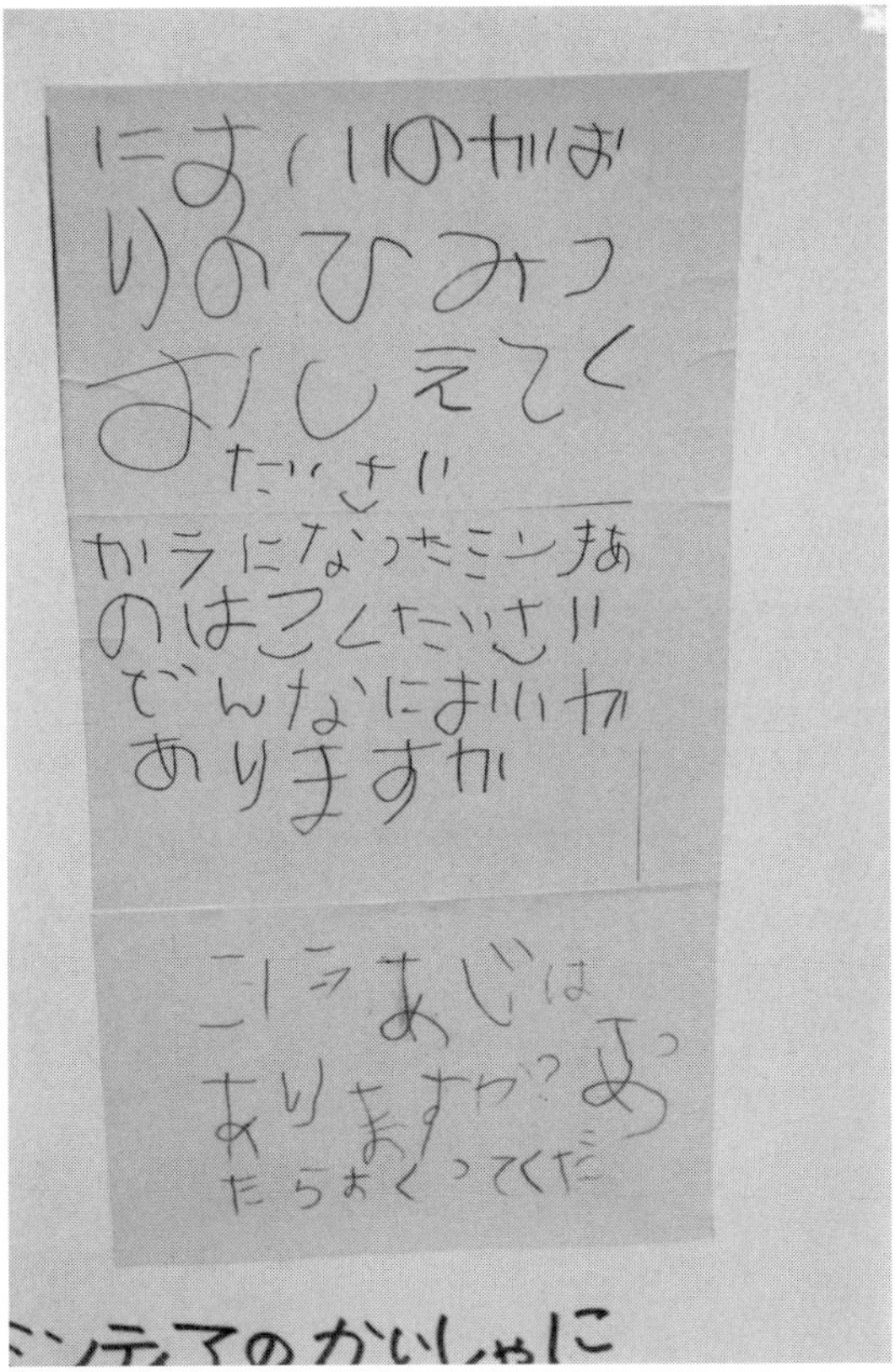

写真2-3　企業への手紙

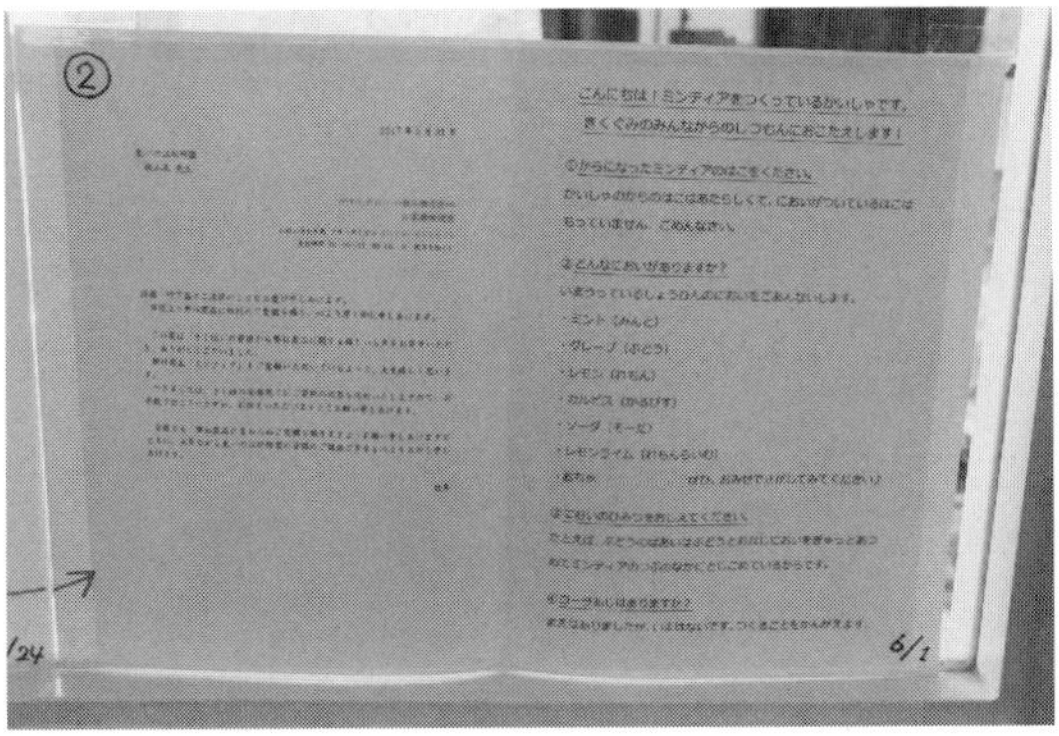

写真2-4　企業から来た返事の手紙

性、法則性、関連性等を発見していることに気がつくかもしれません。

思考力・判断力・表現力等の基礎、学びに向かう力・人間性等の側面からみても、多様な学びがあることに保育者は気がつくことでしょう。

園内研修を通して、保育者が主体的・対話的で深い学びを行う基本は遊び込むことで、遊びを通した総合的な指導によって多様な資質・能力が育まれていくことを理解することは、保育実践の質の向上のきっかけになるでしょう。

要領・指針にある「主体的・対話的で深い学び」「遊びを通しての総合的な指導」などの重要性を理解していくと、遊びに没頭できる環境が必要であることに気がつきます。そういった環境を園として確保するためには、行事や活動の精選、保育者の働き方改革など、カリキュラム・マネジメントがとても重要になります。そこで次に、カリキュラム・マネジメントの実際を紹介します。

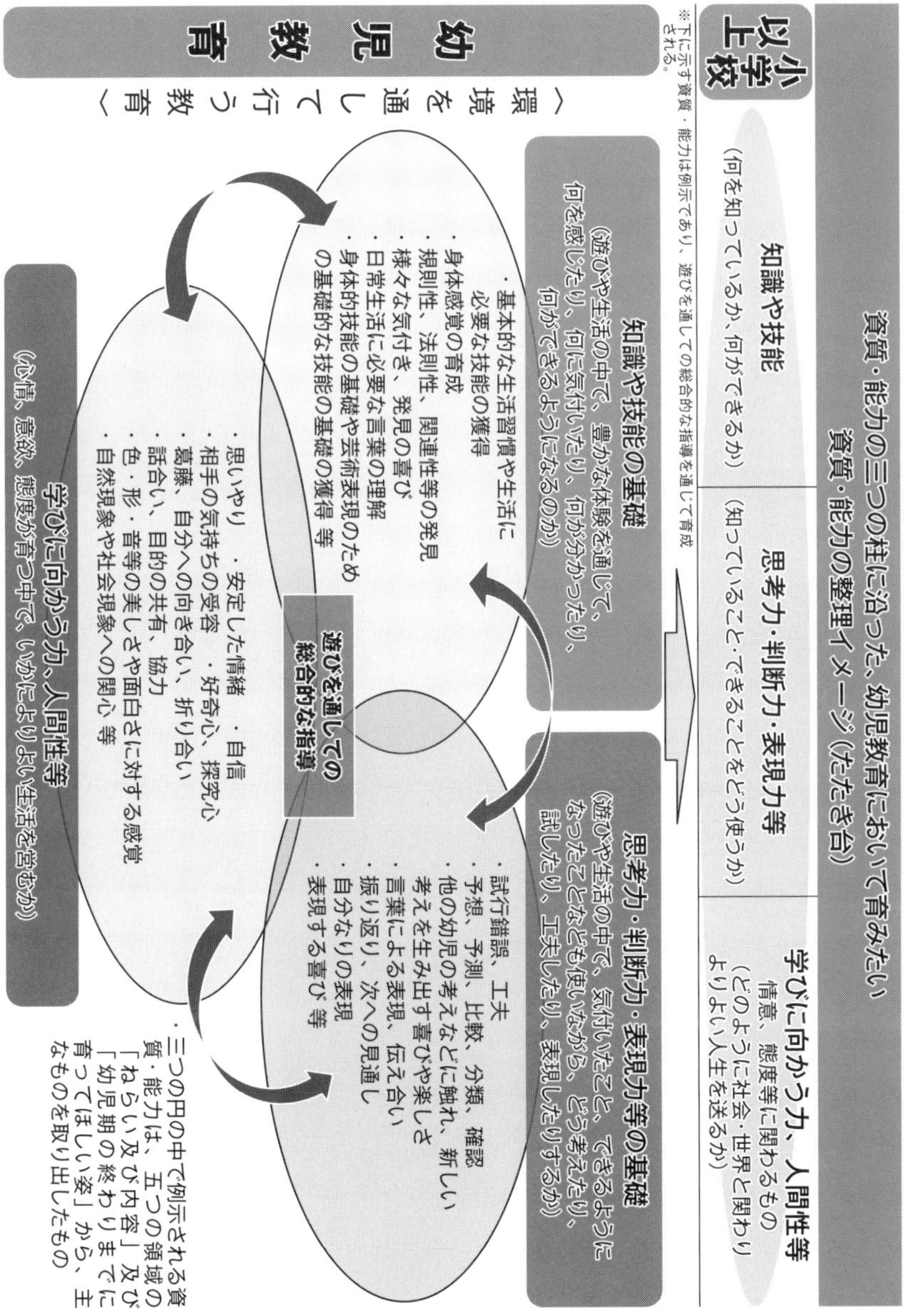

出典：文部科学省

図2-1 幼児教育において育みたい資質・能力

事例から考えるカリキュラム・マネジメント

要領・指針が改訂(定)され、就学前施設における幼児教育・保育は今まで以上に重要になります。その中で、園長の役割は今後さらに大きなものになっていくでしょう。その一つが、今回の改訂で記された「カリキュラム・マネジメント」です。この言葉は保育所保育指針では使用が見送られていますが、その考えは保育所においても同様に重要なものです。

カリキュラム・マネジメントは「園長の方針の下に、園務分掌に基づき教職員が適切に役割を分担しつつ、相互に連携しながら、教育課程や指導の改善を図るものとする」(幼稚園教育要領、第1章　総則、第6　幼稚園運営上の留意事項)とされているとおり、園長の役割の重要性が示されています。園長はさまざまな決定をする立場なので、その役割が重要であるのは言うまでもありません。園長が教育、保育の本質を理解し、これからの時代を見据えた確固たる教育理念、方針をもち、実現可能な組織づくりをすることが、カリキュラム・マネジメントをする上でも重要なことになります。

その組織づくりについて「対話」「働き方改革」「会議の見直し」を軸にカリキュラ

ム・マネジメントを行う園の事例を基に考えていきましょう。

園によって課題は異なり、カリキュラム・マネジメントのあり方もそれぞれ異なります。ですから、本事例を参考に、各園の課題に応じたカリキュラム・マネジメントの確立を考えてみてください。

事例：幼保連携型認定こども園（宮城県）

本事例では、シフト制ではなく2交代制をとっており、正規職員は子どもから離れるノンコンタクト・タイムがあります。このノンコンタクト・タイムで、保育の振り返りや環境設定などを行っています。学年を担任3人とフリー1人（学年主任のような存在）で構成。基本的にはこの学年単位を一つのチームと捉え、このチームで1年間保育を語り合うことをカリキュラム・マネジメントの中心の一つとしています。

◎対話の時間を作る

今回の改訂の中で、「マネジメント」や「組織化」などの言葉を目にすることが多くなったので、カリキュラム・マネジメントを「管理したりマニュアル化したりすればいい」と思ってしまうかもしれませんが、マネジメントとは、より重要な仕事に時間をかける一方で、重要度の低い仕事を効率的に進める方法を考える、あるいは本当に重要ではないのであればやめるといった現場にしかわからない「やりくり」を上手にやっていくことこそが求められるのです。[2-5)]

とあるように、マニュアル化とは逆の発想が必要です。園として目指す教育の目的から達成する目標を考え、そのための計画をコミュニケーションを行いながら現場の保育者に時間をかけて理解し、ともに醸成していくことが大切なのです。

伝達ではなく、対話が大切ということは保育の根幹と同じです。園長や管理職だけでPDCAサイクルを回すのではなく、園全体としてPDCAサイクルを回していくことで、保育を多角的に検証することができ、子どもにとって何が一番いいのかを検討することができるようになります。

対話が可能になるためには、子どもとかかわらない時間（ノンコンタクト・タイム）を作ることとその仕組みを整える必要があります。対話の時間を保育者の努力で作り出すことはできません。なぜならば、時間の確保というのは、保育者の人数の管理や話し合いの場所の確保などさまざまな要素が絡み合うためです。そのため管理職がまず考える仕事となります。よく子どもの遊びが地域で成立しなくなった要因として、子どもの三間（仲間・空間・時間）の減少がいわれますが、保育者にもこの三間の確保が不可欠です。

◎働き方改革

カリキュラム・マネジメントを確立するうえで欠かせないのが、働き方改革です。「行事前は10時までがんばります！」「連絡帳の束をもって定時にみんなで帰宅しています」「じゃ、この後はいつものファミレスで話そうね！」という時代ではありません。業務の優先順位を明確にし、本当に必要な仕事とそうでないものの整理が必要です。必要な仕事として優先順位が高いものは、子どもにかかわることであり、遊びが充実するための環境構成や教材研究などであってほしいものです。そのために、他の職員（お掃除専門のスタッフなど）を入れるなど、抜本的な業務の改善をしたり、優先順位の低い仕事は取りやめたり、簡素化したりという工夫は園長、管理職がリーダーシップを発揮する場面です。

また、業務の効率化を目指す一つの方法として、ＩＣＴ化も有効な手法です。業務の効率化として、行事のマニュアルや案内の掲示、研修資料や手紙などの多くの部分をＩＣＴ化することができます。また、その中でも特に保育記録は、ＩＣＴ化すると業務の効率化はもちろん、幼児理解や遊びの充実などを深めることができるようになります。

　現在、さまざまな企業が、ＩＣＴによる保育記録に着目し、アプリケーションやサービスを展開していますので、自園にあったものを検討することもできますが、本事例園ではタブレットを利用し、一般的なクラウドサービスを応用して導入しました。

　このシステムはアンケートの集計ソフトですが、タブレット上に表示される子どもの名前や遊び、5領域や10の姿を選択し、エピソードだけを打ち込むというものです。いわば、エピソード記録を電子化したイメージです。

　ＩＣＴ化により、手書きの限界（個人個人を記録しようとすると膨大な時間がかかる。エピソードで書くと個人を追えないという状況）を解消しながら、限られた時間の中で保育者が集まった時間を記録の分析と検証に特化することが可能になりました。

　もちろん、カリキュラム・マネジメントの確立に必ずしもＩＣＴ化すればよいという単純なことではありませんが、保育者の働き方改革と保育の質の向上のために設備投資を含めた経営判断をすることも、園のリーダーとして大切であるということです。

◎会議のあり方を見直す

　限られた時間を有効に使うためには、働き方改革と同様に、どこに重点的に時間を使い、どこを削るかを考えなければなりません。

伝達事項で済むことについてはプリントにして配布するだけにし、保育者が集まる時間を極力、保育の質の向上に使うことを心がけました。保育の質の向上のためには、保育者が自らの保育を語り、他の保育者の語りを聴き、議論する必要があると考えましたが、簡単ではありませんでした。自分の意見を積極的に発言することは、すぐにできるものではありません。

そこで、会議を工夫しました。「どのように」「何人で進めていくのか」「どのような結論を出したいのか」「どのようなやり方で話したいのか」を、管理職としてマネジメントすることにしたのです。また、会議が計画の確認や保育計画に追い付いていないことの叱責の場にならないように心がけました。

◎具体的な進め方

会議を改革するためには、各学年の学年主任の役割を果たすフリー保育者（ミドルリーダー）の役割が重要でした。会議を進めていく上で、どのようなワークシートを作るのか？　どのような話し合いの進め方をするのか？　どの保育者が悩みを抱えているのかを、フリー保育者同士で共有し、会議の事前の準備をするため、毎週2～3時間のミーティングの時間を作り、一緒に試行錯誤しています。

○年間・1学期のねらい

園の全体的な計画とは別に、年度当初にチームごとに年間目標を立てます。保育者の構成に合わせて、やってみたい活動や学年のイメージ、どのようなことを育てたいのかについて話す場合もあれば、何を育てたいのかという目標を話す場合もあります。これは、保育者の言葉で年間目標を立てることがねらいです。

他人から与えられた目標は、たとえ暗記することはできても、詳細についてはよくわからないということになりがちです。自分たちで目標設定をすることで、子どもの発達段階や前後の学年について考える機会が生まれ、学年目標の裏にあるたくさんの想いを語れるようにしています。

年度当初に立てる計画は、年間・1学期・4月のねらいまでです。子どもに合わせて保育をするため、年間の行事予定表のように「○月○○日にはこいのぼりを作ります」という活動の規定はしません。保育は子どもが主体となり興味をもったものを遊びこむことが大切なので、活動や手段を設定することは意識的に避けています。

○振り返りとねらい

学期のねらいを立てて保育をスタートしますが、保育が始まると基本的には振り返りが中心となります。子どもたちの様子を見ながら保育者が感じたことを語り合う時間を、可能な限り毎日設定するようにしています。

毎日の業務の中で振り返りの時間をとるのは難しいですが、時間を決めて、保育者が記録を書く前後の時間に1人10分間でも話す時間を作ります。ただしこの時間は、報告会をイメージしています。保育者と子どもは日々、試行錯誤です。1日ごとに評価すると保育が萎縮し、試行錯誤が生まれにくくなるため、議論はしないようにしています。

この1日の振り返りで互いのクラスの状況を何となく理解したうえで、週の振り返りを行います。週の振り返りでは、タブレットを使って記載した1日の振り返りを1週間分プリントアウトします。

ここで重要なのは、プリントアウトする単位です。時系列で1週間分出力することもできますが、学年によっては遊びごとに記録を並び替えて、各コーナーが1週間単位でどのように変化したのかを見ることもできます。また、5領域や10の姿で絞り込んだり、ある子どもの1週間に焦点を絞って追うこともできます。これらは、ＩＣＴ化によって柔軟に対応が可能になった部分です。

保育の振り返りなので、本来は子ども一人ひとりを細かく見ることが求められますが、限られた時間の中では限界があります。ファシリテート※2-2するフリーの保育者が、保育者の課題や月のねらいと照らし合わせ、どの視点で会議を進行するか、担任保育者が自分の保育を振り返ることができるのかを考えます。その振り返りから、自分たちが立案した月のねらいと子どもの姿を照らし合わせ、翌月のねらいを立てます。

保育者は、保育の中でいろいろな遊びに同時進行でかかわります。そうすると、かかわる子どもにばらつきが出ます。1週間である程度全員を見ることができると考えていますが、ねらいをどの単位で立てていくのかは、保育者の力量によって微調整する必要があります。

○保育者に合わせたワークシート

カリキュラム・マネジメントを進める際、保育者一人ひとりが自分の保育を語り、試行錯誤することはとても大切ですが、同時に時間がかかります。ここに、働き方改革もしなければならないというジレンマがあります。そこで話し合いでは、個人のワークとグループワークを組み合わせています。

話し合いの方向性がぶれないよう、各保育者の意見を的確に話せるようにしたり、記録を分析するための手がかりとして、ワークシートは非常に有効です（表2-1）。

※2-2　ファシリテート…会議や研修で、参加者の発言を促したり、進行を整理することで、関係を有意義なものにすること。

表2-1　ワークシートの例（年長児の週の振り返り）

日の記録を見ながら書いてみてください（20分間）

リトルフェスティバル関連

遊びの名前	リトルフェスティバル当日、自分の場面で、これはやれたらいいな！という姿を、今週の姿からピックアップしてみてください	リトルフェスティバル当日、自分以外の場面で出てほしい姿は何ですか？	良さが出にくい欄から脱出したメンバー	もう一歩メンバー

ワークシートは、週の振り返りと月の振り返りで使用します。チームによって何を整理したほうがよいのかは異なり、週の振り返りが連続するようにしたいので、毎回作り替えます。月のねらいに沿って、かみ砕いた言葉で話し合いの材料を作るイメージです。

月の振り返りでは、1日の記録で自分が書いたものを見ながら記載する欄を作り、日の記録と連動するようにしました。

「書いて終わり」の記録ではなく「データとして活かせる記録」になることで、保育の中で何が育ったのかを自覚します。それらを発表することで互いに認め合うことができるのも、大きなメリットです。

集中して自分の意見をまとめたり、記録を読み直して整理したうえで話し合いに臨むため、経験年数にかかわらず自分の意見を述べることができ、何を結論として出したいのかがぶれずに会議を進めることができるようになりました。

2040年に幼稚園が半分になる。保育者が足りない！……これらをみると幼稚園、保育所、認定子ども園の未来は暗いものになります。しかし、これらを乗り越えるためには本章で述べたとおり、自園の保育の質の向上がカギになります。保育の質の向上は、暗い未来を打破するためだけのことではありませんが、子どもたちの明るい未来のカギである保育の質の向上は、自園の明るい未来をつくるカギでもあるのです。
その保育の質の向上の10年に一度の大きなチャンスが、指針・要領の改訂（定）です。指針・要領をよく読み、園内研修をし、実践から学び、それらのカリキュラム・マネジメントをしていくことが、園長の仕事としてとても重要です。そのためにも、本章の事例と自園の保育、マネジメントを比較するなどして、保育の質の向上を目指してください。

〈執〉

◉**参考・引用文献**

2-1）池本美香・立岡健二郎「保育ニーズの将来展望と対応の在り方」日本総合研究所「ＪＲＩレビュー」Vol.3, No.42　２０１７年

2-2）同右、38頁

2-3）同右、51頁

2-4）奈須正裕『「資質・能力」と学びのメカニズム』54頁、東洋館出版、２０１７年

2-5）川原慎也『これだけＰＤＣＡ』50頁、すばる舎、２０１２年

第3章

園の理念を考える

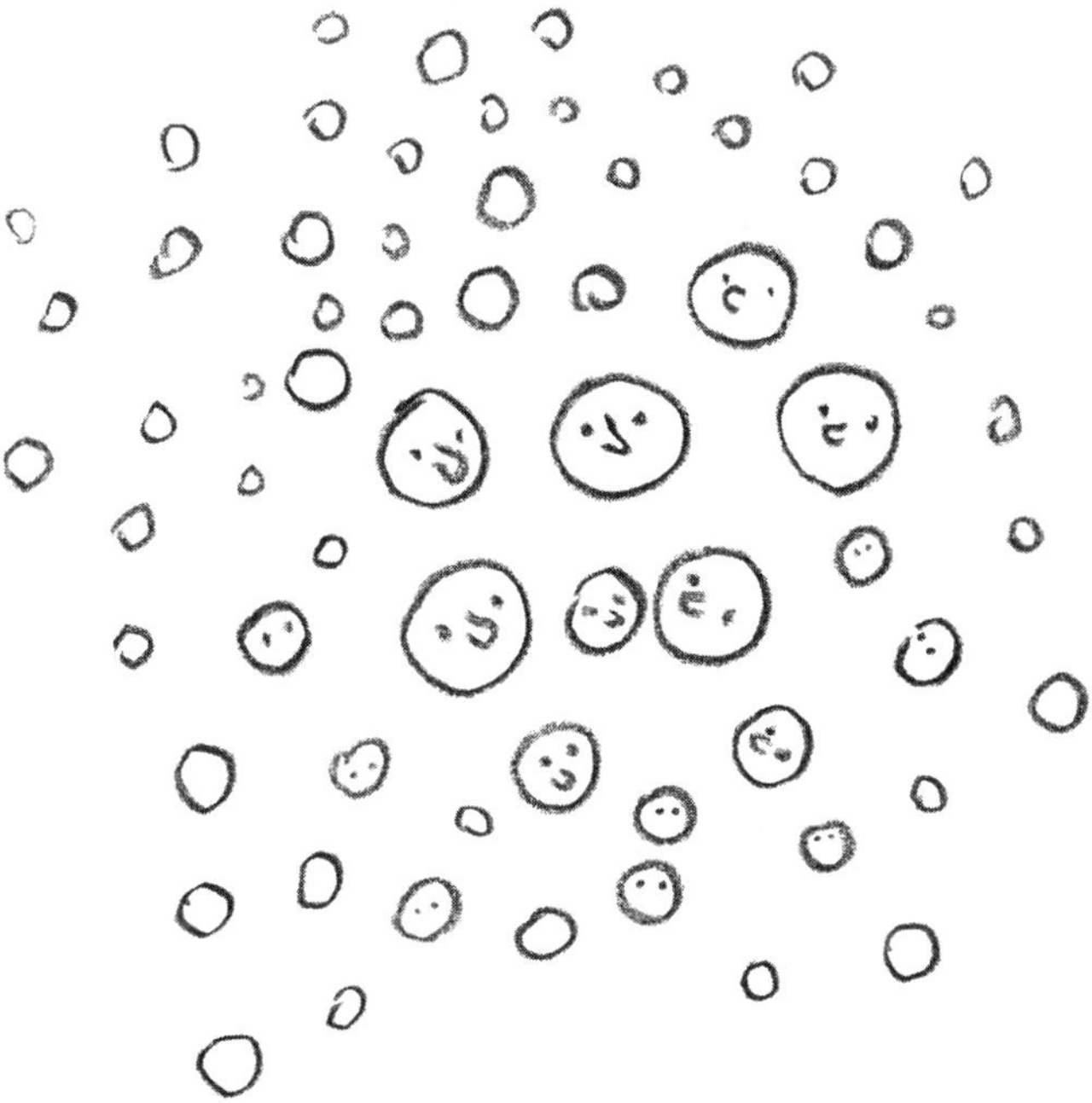

日本の教育には、理念・哲学がない

人間とは何か？

現在、私が法人理事長をしている仁慈保幼園は、1927（昭和2）年に祖母が設立した、鳥取県では初めての認可保育園です。私は2001（平成13）年、36歳で仁慈保幼園の園長に就任し、2002（平成14）年度に法人理事長を兼任することになりました。現在は、鳥取県米子市にある仁慈保幼園のほか、東京都大田区にある多摩川保育園、世田谷区にある世田谷仁慈保幼園の3園を運営し、2018（平成30）年4月から3園の統括園長となりました。

とはいえ、若いころから園の職員として仕事をし、そのまま祖母の後を継いだわけではありません。祖母は、保育園の園長である前に、神道系の宗教家でした。その宗教の福祉の精神から、保育園を開園したのです。祖母は私に、園よりも宗教家としての道を継ぐことを望んでいました。10代、20代のころの私は、宗教家としての修業をしながらも、宗教そのものに疑問を感じ、ついには家を出てしまっていたのです。

しかし、28歳のときに、訳あって宗教家ではなく、実家の保育園で働くこととなりました。

それまで宗教的なことを学んでいく中で、「人間とは何か？」という根源的なことを考え続けてきた自分にとって、「保育園の生活」はとても違和感がありました。そのころの仁慈保幼園は、今考えるとわりとのびのびしていましたが、歴史が長いせいもあり、管理的で一斉保育的な、子どもに「やらせる」保育だったのです。そこから、「教育とは何か？」「人が育つ教育とは？」という疑問を抱き続けることになりました。

実は、園長就任の1年前、35歳のときに就任を打診されましたが、子どもに指示を出して「やらせる」保育や形骸化されたカリキュラムでは、「自ら、よりよく生きる人」を育てられるとは思えず、1年間さまざまな国の保育を見てまわりました。外国の教育を見てまわると同時に、外から日本の教育を見てみたかったのです。

試行錯誤から生まれる保育方法

そのような経験から気がついたのは、「日本の教育には、理念・哲学がない」ということでした。たとえば、イタリアのレッジョ・エミリアの保育には、哲学があります。

侵攻してきたドイツ軍の戦車を鉄くずとして売って、それを学校設立の資金にした逸話。ファシズムを作ったのは教育なので、民主的な世の中もまた教育から作られるという思い……。それに比べて日本の園の場合、理念が形だけのものであったり、当たり障りのない言葉で語られていることが多くありませんか。「何のために、どこに向かうのか？」という羅針盤がはっきりしなければ、何年か経って人が入れ替わると、目指していた保育が揺らいでしまうのではないかと思います。

そして、1年後。園の明確な「理念・哲学」をもち、保育を変えていかなければならないという強い思いを抱いて、園長に就任することになりました。

17年間の園長生活の中で、質の高い保育実践を探求する、「探求することを持続し続ける職員集団」の形成を目指しながら、日々葛藤しています。

本章は「園の理念を考える」が表題ですが、どちらかというと「法人の理念を考える」イメージで、私がたどった道を振り返りながらお伝えします。

「理念」は法人が指し示すもの

同一法人内による保育の質の相違

保育・幼児教育を担う学校法人、社会福祉法人等については、複数施設を運営する法人も多いと思いますが、法人は「保育の質」よりも「運営・経営」を中心に動いているケースが多く見られます。「保育の質」については、各施設長に委ねてしまうケースが多いのです。

そのような場合、最初に設立された園には、しっかりとした「保育の考え方」や「哲学」があっても、次第に園ごとに考え方や哲学が異なるということが起こります。同じ法人にもかかわらず保育の考え方や哲学、方法がバラバラなのは、一般企業で考えると、同じ看板を掲げているにもかかわらず、提供する商品や対応、考え方が違うということです。

これは、働く保育者や子どもを預ける保護者からすると、非常に理解不能な状況です。監査的には、法人と園の理念を記載するようになっていますが、これがバラバラでは、同じ法人内であるにもかかわらず、園ごとに違う保育になってしまいます。私は常々、職員に対して「法人は一つの大きな園である」と伝えています。

法人としての哲学や理念をしっかりともち各園長に浸透させるのが法人の役割ではないでしょうか。哲学や理念を実践として具現化するのが各園長の役割だと考えています。

気をつけなければならないのは、「理念」と「伝統」をはき違えないことです。他園の話として見聞きするのは、若い保育者が園のやり方に疑問をもち、園長や経験の長いほかの保育者に投げかけても、「これがうちの『伝統』だから」「昔からこうやっているから」と、聞く耳をもたない姿勢です。これは悪しき伝統であって、理念とはまったく異なるものです。

リーダーは真の「理念」をもつことが大切

どの法人でもどの園でも、書類上は「理念」を謳っていることでしょう。それではその理念は、リーダー自身が思い描いているものでしょうか？　腑に落ちているものでしょうか？

リーダーが納得し、腑に落ちているのであれば、「理念」とはどういうものなのか、具体的に他の保育者にわかりやすいように語れなければなりません。なぜならば、「理念」は、保育を生み出していく羅針盤であり、常に立ち返るモノとなるからです。

みなさんは、アップルコンピュータの共同設立者であり、ピクサーの元会長であった、スティーブ・ジョブズをご存じでしょうか？　かつて私は、彼に感銘を受けたことがあります。何枚も持っているという黒のタートルネックを着て、自らステージ上でアップルコンピュータの新作のプレゼンテーションを行う姿に、これぞ創造的トップのあるべき姿だと思ったのです。

「経営」「運営」を行うというのは、金勘定や管理を行うだけでしょうか？　園を一つの大きな船にたとえれば、トップは「船長」といえます。そして理念は「目的地」です。船長は目的地を定め、そこに向かって進んでいかなければなりません。つまり、どこに向かっていくのかを指し示さなければならないのです。

そのとき、船長が理由もなく「目的地を目指せ！」と言ったらどうでしょう。乗組員の士気は、上がるでしょうか。乗組員は、どうすれば目的地にたどり着けるか、自分で考えて工夫するでしょうか。船長は、どこに向かっていくのか、なぜそこに向かっていくのかという理由を伝えなければなりません。

また船長は、地形を考えて地図を描き、乗組員に船が座礁しない安全な航路を指し示していかなければなりません。さらには、「今、自分たちはここにいる。だから、もう少しこうすれば船がうまく進む」ということを言葉にして、乗組員に伝えていかなければなりません。そうすることで、船長の語る目的地に一緒に行こうと考えて船に乗る乗組員が増えます。船を漕ぐときの力にばらつきがあっても、ゆっくりであっても、道を逸れずに確実に目的地へ向かうことができるのです。

また、一人ひとりの乗組員が、船をどのように漕げば目的地に向かうか自分で考えるようになります。

先に挙げたジョブズの例に戻ると、リーダー自身が、自分の会社の提供する商品や対応、考え方について熟知しており、自分で自社の商品が語れること。理念を理解し、腑に落としていくこと。そして自分の言葉で、職員集団や保護者にあの手この手で何度でも伝えることが大切です。

「現場監督」としての園長の役割

多くの園長、保育者の中で、「何のために保育を行っているのか？　どこに向かおうとしているのか？」と大局的に語る人は稀でしょう。私がよく耳にするのは「どういう方法がよいのですか？　何が正解ですか？」という答えを聞きたがったり、ハウツー的な答えを求める質問がほとんどです。

方法というものは、「どこに向かうために、どういう保育を実践していくのか？」と問い続け、実践を試行錯誤する中で生まれてくるモノです。レッジョ・エミリアの保育の中心的人物であったローリス・マラグッツィは、その試行錯誤を「保育とはラボのようなものである」と言いました。理念という芯があれば、方法論では終わらないはずです。トップも園長も保育者も、保育という答えのないモノを探求する心を持ち続けることが必要です。

私の考える園長は「経営者」ではなく、「現場監督」というイメージです。経営・運営は法人が担うべきことで、園長は保育者や保護者と対話をしながら、保育を創造していくリーダーです。ですから、法人の示す理念を共有し、自園で行われている保育について理解し、探求し、語れなければなりません。園長

法人の理念の考え方

大切な二つの視点

「法人の理念」には、二つの視点が必要だと考えます。一つは、複数施設をもつ法人の場合、各園長に丸投げするのではなく、同じものを目指していくことを示すための「理念」です。

もう一つが「社会的使命をどう果たすか」という大きな「理念」です。私は「社会と教育はつながっている」と考えています。今ある社会の姿は、過去からの文化の積み重ねでもあり、園は40〜50年後に社会の中核を担う子どもの人格が形成される、とても大切な期間を過ごす場所だからこそ、保育を探求し続けなければならないと思っています。

右の図は、木の切り株だと思ってください。この木の切り株を、人の一生にたとえてみましょう。年をとるとものを忘れることが増えてきます。たとえば、さっきご飯を食べたのに「ご飯を食べていない」とか、昨日何をしたか忘れてしまったなど、現在の記憶が曖昧になりがちです。これは、切り株の外側の皮がはがれやすいのと同じで、今の記憶ははがれやすいのです。

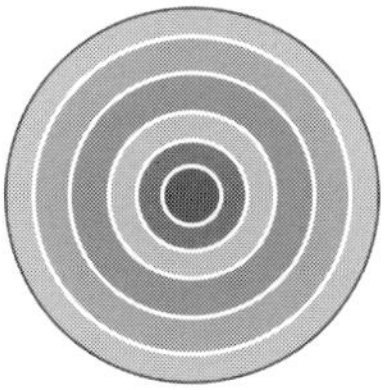

ところが、切り株の中心部分には幼いころの記憶が詰まっています。年をとっても小さいころのことをよく覚えているのは、外側の皮と違ってはがれにくいからです。これらの中心にあるのが、人間でいうところの幼少期です。幼少期のはがれにくい記憶や体験は、五感を使い心が揺さぶられる経験と合わせて残るといわれています。これは、人の気質や価値観などの根幹をなすと考えられています。

ですから、保育所等での教育は、子どもたちの未来を左右する大切なものであることに疑いがありません。40～50年後の社会がどうなっていくのかは、幼少期の教育にかかっています。「社会的使命をどう果たすか」を考えたとき、この観点はとても大切ではないでしょうか。

そもそも「教育」とは何か

「保育」という言葉は、明治時代の初めに「保護」と「教育」を合わせて作られたそうです。現在は「養護」と「教育」の一体化が「保育」だといわれていますが、もともとは「保護」と「教育」の一体化で「保育」がとらえられていたのです。

「保護」は比較的わかりやすい言葉です。子どもの「安心」「安定」を図っていくことです。しかし「教育」は、非常に悩ましい言葉です。何人も集まって「教育」について議論するのを聞いていると、人によっては「教育」という言葉の定義から違っているのではないかと思うこともしばしばです。とはいえ、「教育」の定義がわからないと、園の理念はつくれません。

それでは、私の考える「教育」とは何でしょうか。

教育（education）にあたるラテン語の語源の一つに、「養い育てる」という意味の*educare*（エデュカーレ）があります。また、教育・教養を意味するギリシャ語の*Paideia*（パイデイア）は「子育て」の意味をもちます。「教育者」という言葉の原型である*Paidagogos*（パイダゴーゴス）は、子ども（*Pais*パイス）の後からついていくことを意味します。このことから、ヨーロッパでは、「教育」とは「子どもの後をついていき、子どものよいところを引き出すこと」ととらえられています。

現在の日本では、辞典によると「他人に対して、意図的な働きかけを行うことによって、その人間を望ましい方向へ変化させること」を示します。ここに、西洋と日本の教育観の違いがあるように思われます。

民主主義の浸透しているヨーロッパでは、「シチズンシップ」ということがいわれてきました。これは、市民としての資質・能力を育成するための教育であり、他人を尊重すること、個人の権利と責任、人種・文化の多様性の価値など、社会の中で円滑な人間関係を維持するために必要な能力を身につけさせることをいいます。つまりヨーロッパでは、人間は生まれながらにして市民の一員であることを周りも認め、子どもにもそのような視点で向き合っています。

ところが日本では、これまで市民（社会人）として認められるのは20歳からでした。その根底には、未成年は何もできない存在だから、教育という名のもとに教え諭さなければいけないという考え方があったのです。

とはいえ、ヨーロッパでも、このような民主的な社会を実現するために、市民が戦い、今の人権が保障された社会が実現されました。

社会的使命をどう果たすか

日本でも、保育を含めた教育界は、変革の時代を迎えています。「教育」の定義も、「教え諭し」て教師の指示に従わせようとするものではなく、本来の意味の民主主義的な「子どもの主体性を尊重し、自分で考える人間を育てる」ことに変わってきていると思えます。

例えば、今回の保育所保育指針をはじめとする三法令の改訂（定）や学校の教育要領の改訂は、「子どもの主体性を尊重し、自分で考える子どもを育てる」ことを基盤としています。私たち日本人も、多様性のある社会の実現のために動かなければなりません。

このようなことから仁慈保幼園では、「社会的使命をどう果たすか」という大きな理念に、民主的な考え方を育てること、つまり、一人ひとりの子どもの主体性や多様性を認める社会の一員を育てることを挙げています。

日本における「シチズンシップ」と「教育」のあり方

教育基本法の第一条には、教育は、子どもを「平和で民主的な国家及び社会の形成者」へと、つまり、平和で民主的な国家と社会をつくる人間に育てるためのものだと謳われています。

子どもはまず「親の子ども」です。しかしそれだけではなく、これから社会を担い、つくりあげていくメンバーになっていきます。その意味では、「社会の子ども」でもあるわけです。ですから、社会の側からは、子どもたちにこれからの社会をつくり支えるメンバーにふさわしい知識や能力を身につけてもらう必要があります。

このように、教育はまったくの私事ではない側面を確かにもっています。これが、日本でも「シチズンシップ」が大切にされなければならない根拠の一つです。

さらにもう一つの面ですが、義務教育は、子どもが「自立的に生きる基礎を培う」ことをめざすと、教育基本法の第五条にはっきりと謳われています。

言い換えると、「子どもというのは、いずれは自分の意志で仕事を選び、自分の力で稼ぎ、自分にふさわしい相手を見つけて結婚し、自分の意志で自分の好きな活動を展開していくべき

ものだ。そして教育は、子どもが自分の選択によって自由に生きていくための土台をつくるものであり、そのために必要な能力や知識を身につけていくためのものなのだ」といえます。

昨今いわれる「主体的に生きる」にはこのような意味があります。人間自らが自分の意志で切り開いていくためには、五感を通した豊かな経験と、自らが表現しながら自己との対話を行うことが必要です。

認知スキルと非認知スキル

ヘックマンの調査

それでは、「社会をつくり支えていくメンバーにふさわしい知識や能力」とは何でしょうか。「自分の選択で、自由に生きていくための土台」づくりには、何が必要でしょうか。

これらは「非認知スキル」だといわれています。認知スキルは、学力や知能指数など数値化できる能力、非認知スキルとは、自立心や社会性とのかかわり、思いやり、協調性、あきらめずにやり抜く力など、数値化できない力です。

日本の幼児教育で昔からいわれてきましたが、こうした考え方が大きくクローズアップされてきた背景には、米シカゴ大学のジェームズ・ヘックマン教授を中心とした経済学者や心理学者が、非認知スキルと将来その子が社会的に成功したかという因果関係を、子どもの追跡調査から明らかにしたことにあります。

この調査は、同じような家庭環境の子どもたちを対象にしたもので、質の高い幼児教育を受けた子どもたちのほうが、そうでないグループよりもよい仕事に就き、生涯賃金も大きく上回るという結果が出たのです。

この質の高い教育とは非認知的な教育であり、ＩＱの高低はあまり関係ないこともわかりました。しかも、同じような教育を就学後の子どもに施しても、効果が薄かったのです。つまり、人の一生の中でも就学前の子どもたちへの教育が、その子の人生を豊かにするうえでとても大切なことがわかってきました。

未来を生きる子どもたちに必要な力

ヘックマン教授らの行った調査以外にも、40〜50年後の未来を生きる子どもたちには、今以上に非認知スキルが大事だと思われることがあります。それは、40〜50年後にはＡＩ（人工知能）の技術革新が進み、これまで人間にしかできないと思われていた仕事の大半が、コンピュータやロボットで代用できるようになることです。

今後10〜20年で、今ある仕事の半分近くが自動化できるという試算もある中で、人間にしかできない仕事は何かを考えたとき、それは新しい技術や知識などを創造していく力や芸術、仲間と協同して主体的に物事を解決していく非認知スキルにほかなりません。

仁慈保幼園の理念

こうした教育に対する考え方から、仁慈保幼園の「理念」は、将来「民主的な社会を担っていける人間を育てる」ことだと思います。言い換えれば、主体的に物事を考え、自分の人生を豊かに創造し、かつ多様性を認め、ほかの人と対話して折り合いをつけ、困難を乗り越えられる人間を育てるということでしょうか。

この理念に沿った保育をするとはどういうことか。民主的な人間を育てるには、まず、園の人間も民主的でなければなりません。「子ども中心」「子どもの最善の利益」などと口にする人は多いですが、子どもを人間として見るということは何か、トップをはじめ、園長も保育者も子どもたちも、対話を繰り返しながら保育をつくっています。

園長

理念を実現するための考え方

保育におけるＰＤＣＡサイクルの違和感

みなさんは、ＰＤＣＡサイクルというものをご存知かと思います。本来は、事業活動における生産管理や品質管理などの管理業務を円滑に進める手法の一つでした。Plan（計画）→Do（実行）→Check（評価）→Act（改善）の４段階を繰り返すことによって、業務を持続的に改善させる手段です（表3-1）。一時期、保育にも適用できるのではないかと賛否両論ありましたが、いつの間にか普通に扱われるようになりました。

しかし私は、このサイクルで保育を考えることに違和感をもっていました。もちろん、結果を振り返り、継続的に改善をすることは取り入れていくべきだと考えます。しかしＰＤＣＡは、計画をチェックして改善するので、完全な計画が作られるかどうかが大きな問題となります。

保育の場合、一人ひとりの子どもの姿や取り巻く環境が、刻一刻と変化していきます。想定外のことがいくらでも起こる保育で完全な計画を作るということは、本来は

表3-1　PDCAサイクル

1　Plan（計画）	従来の実績や将来の予測などをもとにして業務計画を作成する。
2　Do（実行）	計画に沿って業務を行う。
3　Check（評価）	業務の実施が計画に沿っているかどうかを評価する。
4　Act（改善）	実施が計画に沿っていない部分を調べて改善をする。

表3-2　OODAサイクル

1　Observation（観察）
2　Orientation（状況判断）
3　Decision（意思決定）
4　Action（行動）

子どもの姿に合わせた計画を考えるべきところが、計画に子どもを合わせることをしがちです。

不確定要素の多い保育におけるOODA

そこで思い浮かぶのが、OODAという考え方です。これは、不安定、不確実、複雑で曖昧な環境を的確に正しくとらえ、直感的に判断する方法です（表3-2）。特に大切なのは、2番目の「O：状況判断（Orientation）」です。状況判断を直感的に行いますが、その直感は、たとえばトップと園の理念を共有することを拠りどころにし、個人が主体的に判断するものです。

「AだからB、BだからC」のように論理をたどる「分析的思考」よりも、はるかに俊敏に判断ができます。子どもの世界は計画どおりにはいきません。計画は変更してもいいのです。この過程で、論理では到達できない「跳ぶ発想」が入ると、創造的で新しいとらえ方やアイデアが生み出され、新しい価値や意味が生まれてくるのです。

意思決定(Decision)は、保育でいうところの計画です。計画は、子どもの姿に沿って変化していくものです。ときには分析的思考も大切ですが、保育現場で「今の子どもの姿」に対応するためには、この直観力が大切になります。

不確定要素の多い保育を思うとき、このOODAという考え方が理にかなっていると思います。

理念の研修

トップは園の理念を、浸透するまで繰り返し伝えていく必要があります。また、伝わっていると思っても、理念に向かう道から外れていないかどうか検証していくことも大切です。OODAの考え方についても、理念が暗黙知として浸透することが大切です。

そこで仁慈保幼園では、月に一回、理念に関する研修を行っています。例えば、「民主的な社会を担っていける人間を育てる」という理念に対して、それぞれの職員が理想の社会をどのように考えているか、ブレーンストーミングなどによって得られた発想を付箋などに書いて、分類して掲示するＫＪ法を用いて話し合いを重ねています。こうすることで、それぞれの考えを対話し、共有していきます。これぞと思えるよい意見が出たら、理念を変えていくこともありです。理念は普遍的なものではなく、進歩し、変革を遂げていくものです。

この過程を経て、「何のためにこの仕事をしているのか」「どこに向かっていくのか」という「哲学」が生まれてこそ、初めて保育方法に結びつきます。　(顧)

情報の可視化

朝夕の集まりの時間

園の理念を具現化する一つの手段として、仁慈保幼園では「情報の可視化」を意識しています。これは、行政のいう「透明性」ではありません。民主的な社会を担っていく上で大切なのは「対話」です。情報やイメージを可視化して対話し、共有化し、コミュニティを形成するということが大切です。

たとえば昼間の時間は、自分で遊びの環境を選んで、思い思いの遊びを展開しています。しかしこれだけでは、一人ひとりの子どもは主体的になるかもしれませんが、遊び同士が結びついたり、対話が生まれる機会は多くありません。そこで、毎日遊びに熱中している子どもたちが、朝とおやつの後に一堂に会して、今楽しんでいることや疑問に思っていることなどを発表し合う場を設けています（写真3-1）。

発表するときは、子どもが今やっていることはもちろん、これからやりたいことをウェブやデザイン画にしてプレゼンテーションしたり（写真3-2）、子どもの意見など

写真3-1　集まりの時間を利用した発表の場

写真3-2　プレゼンテーションの様子

を保育者が紙やホワイトボードにその場で書いて、共有することもあります。

このように情報を可視化することで、子どもはほかの子どもの遊びや疑問を知ったり、アイデアを出したり、自分の遊びと友達の遊びを融合させることができるのです。それぞれの多様性を受け入れながら、自分の意見を言い、相手の意見と折り合いをつけるという営みを毎日繰り返しています。

ドキュメンテーションやポートフォリオの作成

ドキュメンテーションとは、子どもたちの活動や、その活動によってできた作品を写真に撮り、活動での子どもたちの言葉や様子を記述したものです。単に「こんな遊びをしました」ではなく、過去の軌跡と関連づけながら3～5歳児の集団としての学びと成長の軌跡、その活動がどんな意味をもつのかを保護者に伝えるツールです。保育者は、A4サイズ1枚(ときには複数枚)のドキュメンテーションを毎日午睡時に作成し、降園の時間までにクラスに掲示します(写真3-3)。

0～2歳児クラスでは、月に1回ポートフォリオを発行しています。集団での活動を中心に記述するドキュメンテーションに対し、ポートフォリオはその子ども個人、またはその子どもと他者とのかかわりを通した育ちの記録です。

写真3-3　親子でドキュメンテーションを閲覧

このように、保育や子どもの情報を可視化して掲示することで、保護者との対話がスムーズになります。つまり、ドキュメンテーションやポートフォリオを介して、保育の内容や子どものことなどが共有され、保護者からも意見や協力の申し出があるなど、一つのコミュニティが形成できるのです。保護者と保育観や子ども観を共有することもできます。

さらに、ドキュメンテーションなどを作成する段階で、担任保育者同士、またはほかのクラスの保育者と子どものことを語り合いながら作業するので、保育者同士も子どもの情報や子ども観を共有することができます。

仁慈保幼園の保育

万華鏡の実践

これまで、私が園の理念をどう考えるか、その背景や園の取り組みをお伝えしてきました。トップが各園の園長、保育者、そして保護者に理念を浸透させていくことはとても大切ですが、すべては子どものためです。ここで、未来の理想的な社会を託す子どもに対して、私たちがどのような保育実践をしているのか、一つの事例を通してお見せします。

この事例は、保育者が保育室に置いた1本のテレイドスコープ（筒の先にビー玉を付けた万華鏡）から物語が始まります。

◎気づき

テレイドスコープを保育室に置いても、数日間は誰も関心を示しませんでした。しかしある日、Tちゃんが室内にある花をのぞいて、「お花がいっぱい映ってきれいに見える」と報告してくれました。自分の目で見るのとまったく違う万華鏡の世界に驚いたようです。
その様子を見ていたほかの子どもたちも、のぞく場所によって模様の見え方が違うことに気がつきました（写真3-4）。

◎遊びの変化

「万華鏡を通して見ると、どうしてきれいな模様に見えるのか？」という疑問が子どもたちの中で生まれたので、集まりの時間にその疑問について話し合ってみました。「ガラスが入っていると思う。それで、模様が見えるんだよ」「反射して模様が映るんだよ」など、いろいろな意見が出てきました。

ある日、Uちゃんが「この万華鏡を壊したら、中がどうなっているかわかるんじゃない？」と担任に言いました。

反対する子どもがいるかと思いましたが、みんな中身を見ることにわくわくしています。子どもたちの興味は、「きれいな模様探し」から「万華鏡の中身」へと移り変わったのです。

万華鏡の中身を知った子どもたちは、ラップの芯やペットボトルなど、「のぞけるもの」を家庭から持ってきて、万華鏡をただのぞく遊びから、万華鏡づくりへと遊びが変化していきました。

写真3-4　のぞく場所によって見え方が異なることの気づき

◎新たな気づきと共有

ある日、チェンバースコープという先端にスパンコールなどが入った容器がついている万華鏡で遊んでいたHちゃんが、「この万華鏡を回したら模様が変わった！　おもしろい」と、興奮気味に担任に言いました。

その日の集まりの時間。Hちゃんは、万華鏡を回すと模様が変わることをみんなに報告しました。Hちゃんの言っていることを確かめるため、クラスで1本の万華鏡を回して、全員でのぞいてみました（写真3-5）。子どもたちは口々に「本当だ！」「きれい」と、次の子に万華鏡を手渡します。全員見終わったところで、集まりの会を終えました。

この日の集まりの会でHちゃんは満足し、ほかの子どもたちはHちゃんの気づきに共感していました。しかし担任は、このやり方では本当の意味でHちゃんの気づきを共有したことにはならないのではないかと感じました。そして「全員同時に模様が変わる瞬間を見ることはできないか？」と考え、「万華鏡の模様を画像や動画として取り込んで、プロジェクターにつなぎ、スクリーンに映して見る」というアイデアを思いついたのです。

写真3-5　身近なものを万華鏡に

◎遊びへの展開

子どもたちが集めた模様を、静止画や動画として記録したデータがたまってきたので、集まりの時間に「万華鏡映画館」としてスクリーンに映し出し、みんなで見る時間を設けました（写真3-6～3-9）。子どもたちは、大きなスクリーンに次々と映し出される模様の一つひとつに、「きれい」「すごい」と歓声を上げながら見入っていました。すかさず「Hちゃんの言っていたことって、こういうことだよね？」と担任が言うと、Hちゃんはうれしそうにうなずいていました。

◎子ども同士の響き合い

ある日、Hちゃんが「万華鏡を自分で作ってみたい」と、家からペットボトルを持ってきて、担任の助けを借りながらチェンバースコープを作製しました。それを見たほかの子どもたちも万華鏡づくりを楽しむようになり、「今度は、自分たちで作った万華鏡で映画館を開きたい！」という声が上がってきました。

2回目の万華鏡映画館の日。5歳児のTちゃんが作った、べっこう色のガラス玉を使ったビー玉万華鏡の動画が映し出されたときです。みんなが「きれい！」「かわいい」と模様を見てはしゃぐなか、5歳児のFちゃんは「地獄の炎の川だ」と言いました。

Fちゃんの言葉を聞いたTちゃんは、以前作製したがいこつの絵を模様の中に入れ

写真3-6　万華鏡の模様を撮影し皆で共有する

写真3-7　万華鏡映画館の様子①

ました。地獄の炎の川の模様に入ったがいこつの絵は、雰囲気たっぷりで、子どもたちは口々に「すごい怖い」「炎の川にがいこつが入ってる」と驚いたり、おもしろがっていました。

◎失敗からの学び

別の日、5歳児のOちゃんがコウモリを作り、保育室を暗くして、みんなが怖いと言っていた万華鏡の模様を映し出しました。しかし、模様は今ひとつはっきり見えません。残念そうなOちゃんの様子を、集まりの会であえて話題にしました。

「あんまり模様が映らなかった」というOちゃんの話を聞いた子どもたちは、次々に手を挙げて、自分が知っていることを話します。Yちゃんが「夜やればいいんじゃない？」と言ったとたん、子どもたちからいっきに「やりたいこと」のアイデアが出てきて、「夜の光の世界ごっこ」をすることになりました。

◎情報の共有と目的意識

「夜の光の世界ごっこ」計画の中で、子どもたちは会場設置の表やタイムスケジュールなどを作りました。

毎日の遊びの時間に、準備は着々と進んでいきます。朝夕の集まりの時間には、担任が「今日、準備を進めた人いる？」と声をかけ、誰が何をどこまで進めているのかを

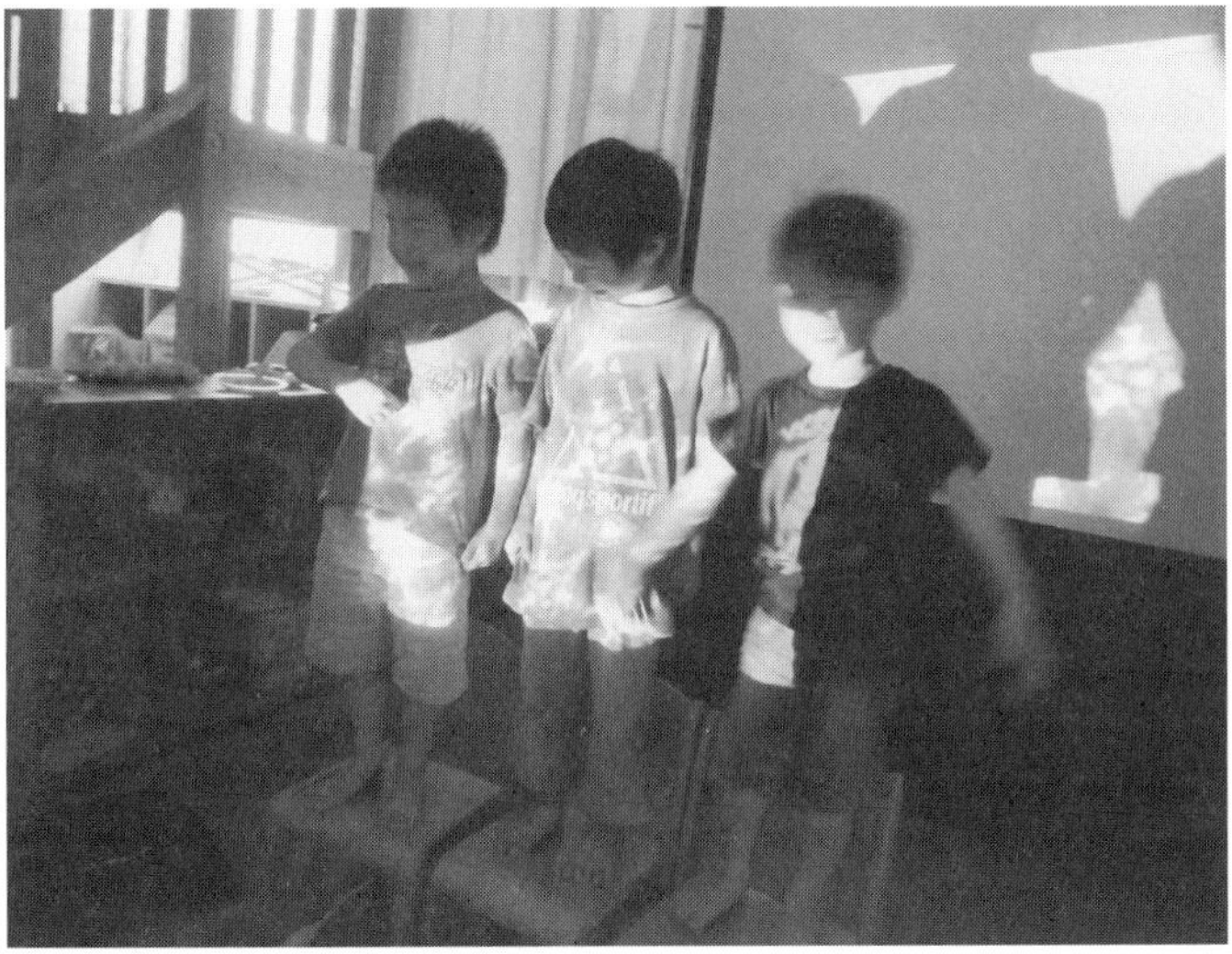

写真3-8　万華鏡映画館の様子②

写真3-9　万華鏡映画館の様子③

共有する時間をもちました。そうすることで、一斉に準備しなくても、互いに情報を共有し、目標に向かってみんなで取り組む意識をもつことができたのです。

◎新たな活動への展開

当日の午前中から、クッキングをしたい子どもが、お花畑の模様を投影してピクニックで食べるための「シチュー」づくりをしました。午後からは園庭に出て、イルミネーションやピクニック、万華鏡模様の投影の準備が始まりました。イルミネーションでは、子どもたちが大きな段ボールに窓を開け、カラーセロハンを貼って中に明かりを灯した光るおうちや、お祭りで作ったステンドグラスのおうちの配置をして、丘の上に電飾を付けていき、自分たちで作った地図を見ながら確認していました。

屋外での万華鏡映画館では、スクリーンの代わりに大きな白い布を用意して模様を投影しました。きもだめしは、地獄の炎の川の模様を背景に、Fちゃんが描いた大きな「閻魔大王」の絵やYちゃんが作ったコウモリを園庭の柳のトンネルに飾り、ハロウィンで見事なおばけを演じた5人の子どもたちが、真っ暗な固定遊具の中に潜みます（写真3-10〜3-12）。

このほかにも、銭太鼓を演奏したり、春から作りためてきた染物を身にまとい、模様の中をウオーキングするモデルが登場しました。また、木箱とタンバリンを組み合

写真3-10　がいこつの絵は雰囲気たっぷり

わせて作ったドラムを使って、バンドチームが『風が吹いている』という曲を演奏しました。

夜の光の世界ごっこは、子どもたちにとって特別な日となりましたが、これは決して、「単なるイベント」や「ゴール」ではなく、あくまでも日常の通過点に過ぎません。翌週も、盛り上がってきた興味が続いたり、新たな活動が生まれたりしました。

保育者が子どもと作り上げていく

事例で見られたように、情報を可視化した上で、子どもたちとの対話の中から多様性や創造性、自発性が育まれていきます。このとき保育者は、子どもたちを教え諭す立場にはありません。子どもよりも経験値の高い大人が、同じクラスでともに過ごすメンバーの一員として、後押しをしたり、ヒントを出したりすることで、子どもたちの世界が広がります。

子どもを社会の一員と認め、よりよい実践・生活を生み出そうとする保育者（大人）の姿勢が、子どもたちの可能性を広げていくのです。そのため

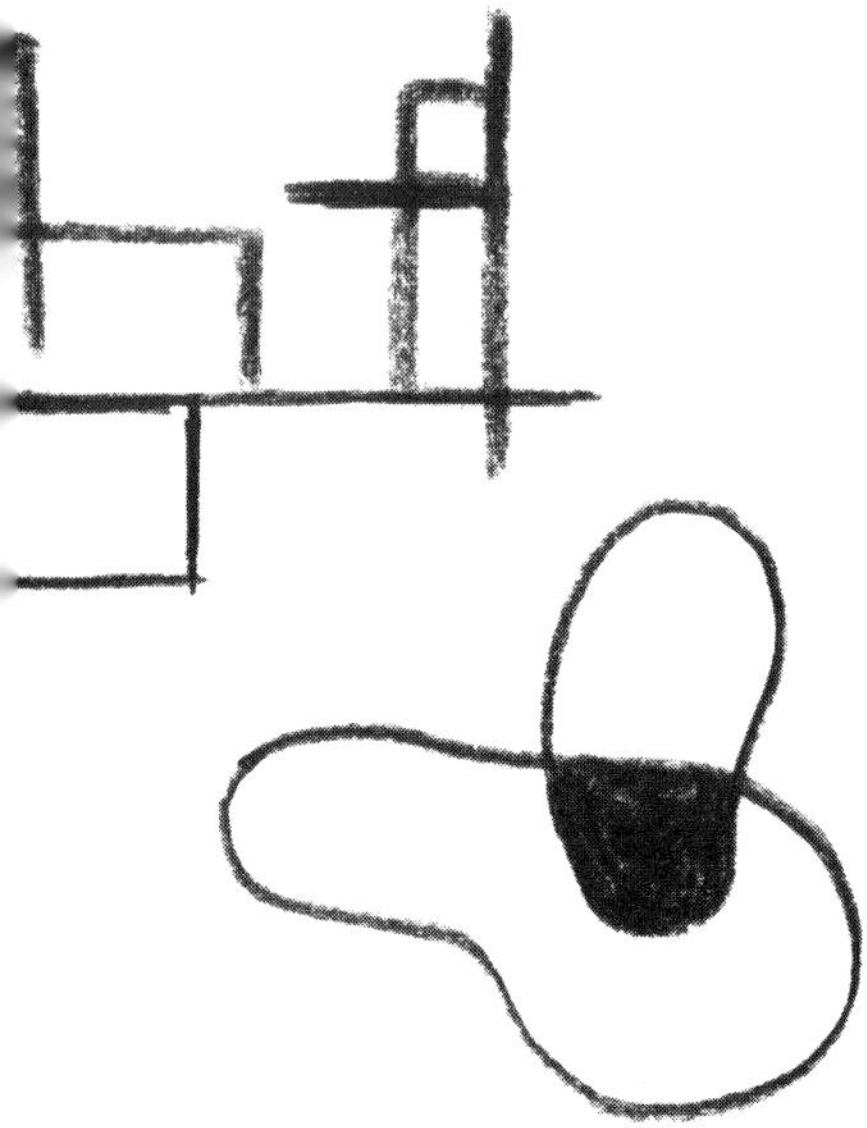

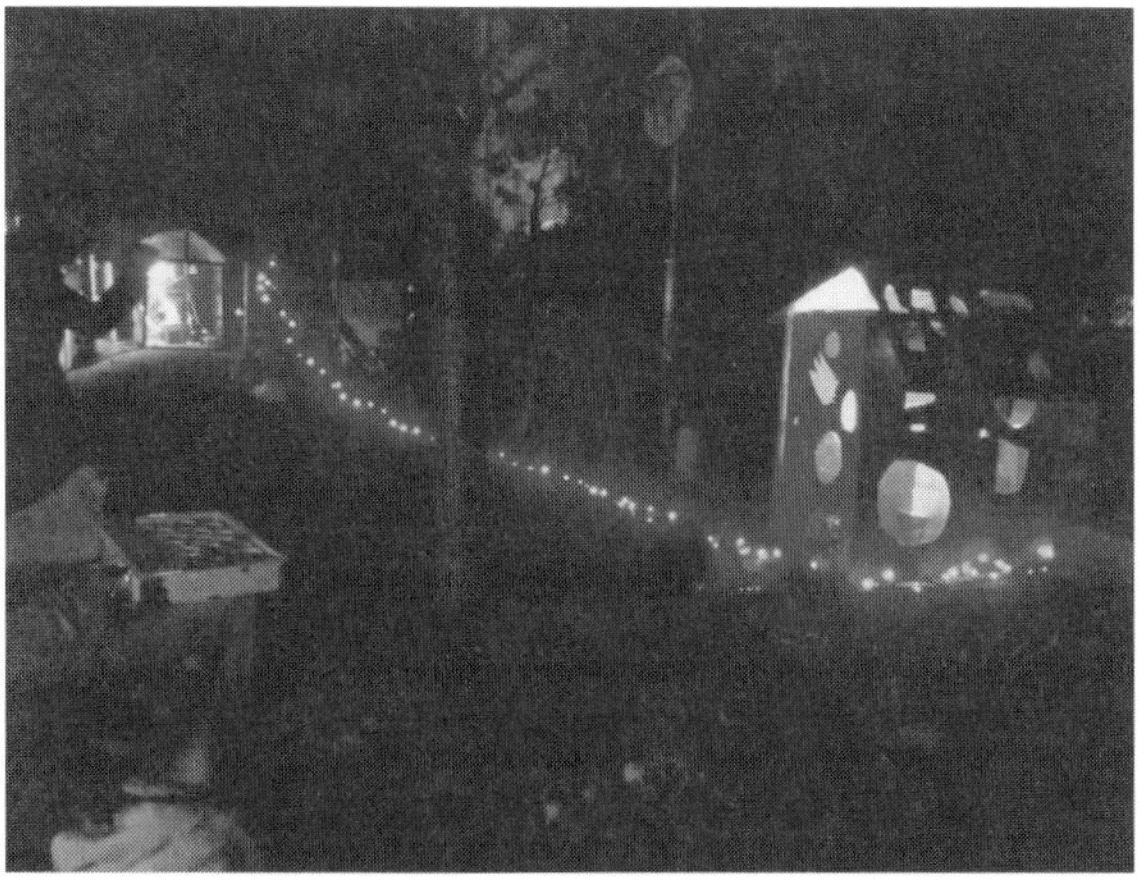

写真3-11　夜の光の世界ごっこの様子①

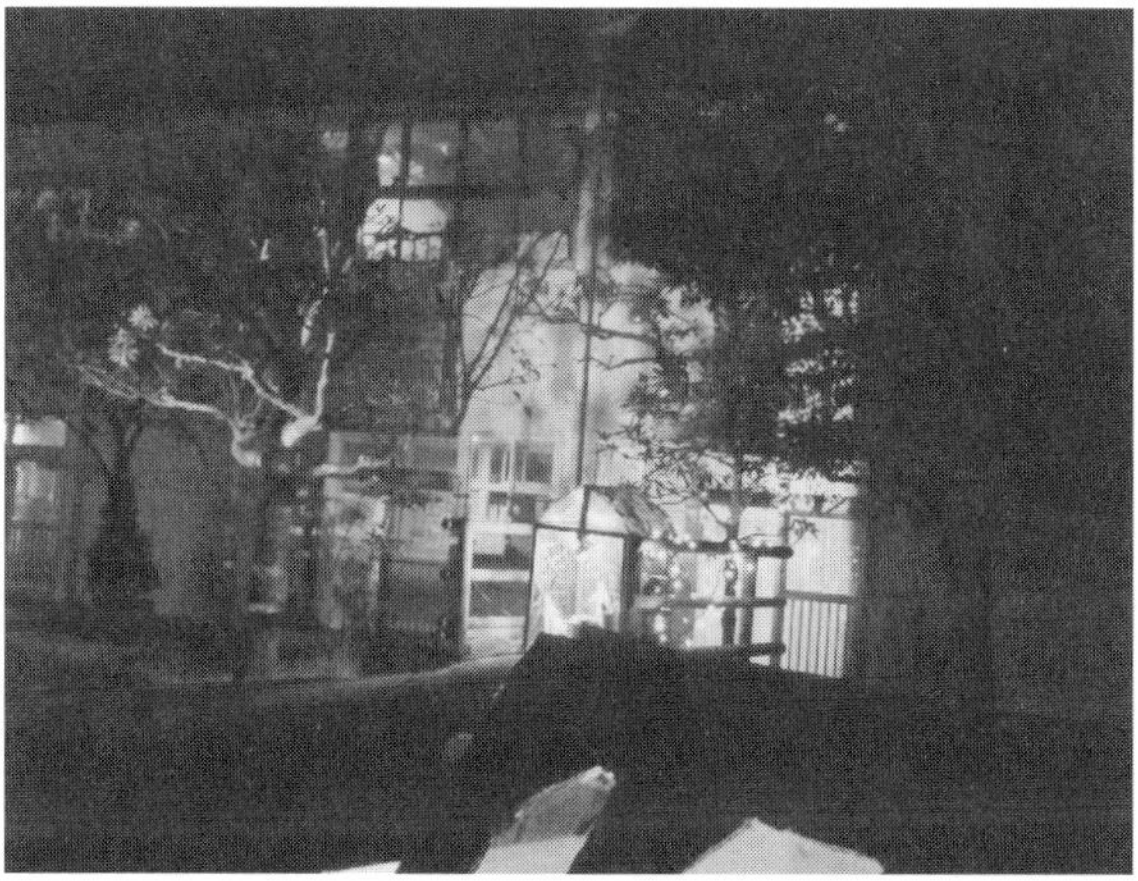

写真3-12　夜の光の世界ごっこの様子②

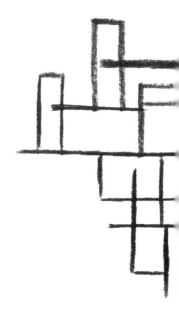

に大人は、いつでも子どもたちの姿にアンテナを張り、子どもから生まれる多様性や創造性を見逃さないようにしていかなければなりません。
また、このような保育は、トップが保育者の一挙手一投足を指図して生まれるものでもありません。保育者自身が、トップの示す理念に沿って、自分で考え、葛藤しながら子どもとともに作り上げていくものです。

園長

第4章

チームビルディング（組織づくり）

園長が果たす3つの役割

園の理念を保育の中で実現していくために、園長は「園の文化・風土の醸成」「園の方向性を示す」「個々の主体性が発揮されるチームづくり」という3つの役割があると考えます。

①園の文化・風土の醸成

私は39歳の時、父である先代の園長の後を継いで園長となりました。小学校の教員経験が10年ほどあったものの、幼稚園に入職して3年間の経験しかありませんでしたので、他の保育者はもとより、保護者もさぞかし不安だったと思います。何より、自分自身が不安で仕方ありませんでした。

そのような時、先代の園長に「園長としてこれだけは守りなさい」と言われたことは、「家族のように先生を大切にしなさい。それだけ守ったらいい」ということでした。今思うと、父がどのような信念をもってそのように言ったのかわかりません（生前に聞いておけばよかったと悔やまれます）が、結果として、保育者同士の関係性が良く、ここ10

年間ほどは、幼稚園の専任保育者が5年未満で退職していないことを思うと、本当にありがたい言葉でした。

「家族」という言葉に含まれるニュアンスが「安心感」や「絆」だとしたら、自分の思いを出せること、例えば、自分の意見を表明できること、わからないことをわからないと言えること、つらいときにつらいと言えること等、自分の良いことだけではなく弱みをも含めて出せる（自己開示できる）ことにつながります。自分なりに考えて、主体的に保育をより良いものに高めていこうとすることも、安心感があってこそかもしれません。

近年、保育の世界では新任や若手の途中離職、1年や2年で同期就職の保育者が一斉に辞職するという話が聞かれます。もちろん保育の世界だけではなく、さまざまな職種でも聞かれますが、保育者になりたいという夢が叶ってこの仕事に就いたにもかかわらず、疲弊して短期間で辞職してしまうのは本当に残念です。

どんな名医であっても、熱があるのか、せきが出るのか、アレルギーはあるのか等、患者等から現在の症状を教えてもらえなければ、薬を処方することもできません。職場の雰囲気が温かく、同僚同士の関係が良ければ、自分の悩み（症状）を打ち明けて、先輩からさまざまなアドバイスを（薬を処方して）もらってもう一度保育に向き合えたかもしれません。

悩みを言わなかった（言えなかった）保育者が悪いと考えるのではなく、悩みを言える（＝悩みを受け止めてもらえる）風土を醸成することが、園長や主任等、園のリーダーの役割として大変重要です。

「言える」ということは「聴いてくれる人が居る」ということです。園長としてすべての保育者の言葉に真摯に耳を傾けたいものです。

②園の方向性を示す――明るく、希望をもって、高い山を登る

今、私たちが園でともに暮らす子どもたちは、20年、30年後、決められたことを正確に繰り返す仕事は機械やロボットに任せて、さまざまに試行錯誤しながらも自分らしさや人間らしさを発揮して、課題を解決しながら生きていくことになります。そのためには、主体性やコミュニケーション能力等の非認知能力が幼児期に育まれなくてはなりません。それらの能力が育まれる環境として、子どもの身近にいる一人ひとりの保育者が同僚との良い関係に支えられて、自分らしく主体的に日々を生きることが重要です。

そもそも、主体的でない保育者が、子どもの主体性が育とうとしているのを見取り、

その育ちを支えることはとても難しいでしょう。ですから、保育者が主体的であることは、子どもの主体性を育むうえで欠かせない条件だと思います。

また、保育は一人ひとりの子どもや家庭と深くかかわるすばらしい仕事です。子どもが育つ姿が本当に嬉しい反面、責任が重く、要求される専門性は年々高くなってきています。前述したように、そのような仕事に向き合う際に、職場の雰囲気や人間関係（同僚性）を温かいものにすることは、一人ひとりの保育者（特に新任や若い保育者）が安心感をもって仕事に向き合ううえで重要です。同時に、園の方向性を示していくことが、園長の役割としては最も重要ではないかと思います（図4-1）。

日々の保育の中では悩みや課題が尽きず、それらに対応していくことがとても大切です。しかし、悩みや課題というネガティブな面に注目して対応すること以上に、保育という仕事の喜びや面白さ、課題を解決していくことが、子どものよりよい成長につながるというポジティブな面に注目して、保育者のモチベーションを上げていくことも重要です。

子どもたちを園で預かり、決められたプログラムを実行して、けがもなく無事に帰すだけならば、一人ひとりの子ども理解に基づいた質の高い保育をする必要はないかもしれません。しかし、子どもが自分らしく幸せな人生を歩むためには、充実した乳幼児期を過ごすことが大切で、その時期を支える質の高い保育を行うためには、保育者自身の資質を高めることや子ども理解、保育計画、環境構成、一人ひとりに応じたかかわりなどが必要です。

山登りにたとえれば、スニーカーで歩ける平坦な道を通るハイキングではなく、富士山のような高い山を登るようなものかもしれません。高い山に登るためには準備も大変で、実際に登り始めてからは高度な技術も要求されて大変かもしれませんが、登り切った時の喜びや充実感は、味わったことのないものだと思います。

保育の成果はすぐには目に見えてこないことがほとんどで、個々に寄り添った質の高い保育を行うことは本当に難しく、良い保育者ほど悩みが多いかもしれません。だからこそ「今は保育で悩んだり大変かもしれないけれど、あなたが心を砕いて一人の子どもに一生懸命向き合っていること自体がとても尊いことで、子どもの成長、幸せな人生を支えているんだよ」ということを、リーダーとして若い保育者に伝えてほしいと思います。

180211

図表4-4　フィロソフィーブック

ひじり学園理念

○自己と他者を尊重して意欲的に生きる子どもの育成に努める。
　目に見えない教育にこそ乳幼児期の教育の重要性がある。

「知」よりも「情」と「意」を育むことが私たちの責務である。

　保育者は子どもが家庭を出て初めて出会う大人として、その子のありのままの姿のよさを認め、受け止めることから自己肯定感の育ち他者との信頼関係や生きることへの意欲へとつなげていきたい。

○子どもと共に生き、子どもと共に育ち、子どもの成長を自らの喜びとする。
　子どもに説き教えることよりも子どもたちの姿から学ぶことこそひじりの教育の本質である。

　同じ人間として、子どもと共に生きる中で、大人も子どもも共に育つという気持ちを忘れず、身近な人の成長を自分の喜びとしたい。

願　子どもの成長を願う。自分の幸せと他者の幸せを願う。

○「わたしはわたし　でも　わたしはみんなのなかのわたし」

　人間は社会的な生き物です。人と人との間で生きていきます。周りの人たちが困っていたり、泣いている時に自分だけが楽しくて幸せを感じることはできません。ですから周りの人の幸せなしに自分の幸せはありません。

　でも、他人に気を遣ってばかりの人生はとてもつまらないものです。かと言って、自分の思いだけを優先して生きていくことはできません。子どもたちが人との関係の中で自分らしさを発揮しながら生きていってくれることをいつも願っていたいものです。

　「願う」ということはあなたが思っているよりもずっと大きな力を持っています。自分自身がそのおかげで成長してきたようにあなたの大切な人たちの幸せを願ってあげてください。

「私たちは人生で偉大なことは、なし遂げることはできませんが
偉大な愛でささいなことをなし遂げることはできます。」　マザーテレサ

個　子どもたちの自分らしさを大切に育む前にまず私たちひとりひとりが自分らしくありたいものです。あなたはあなたであっていいのです。

子どもたちに自己肯定感を持って育って欲しいと願うように、
大人も自分が大切な存在であると感じられることは大切なことですよね。
一人ひとりが大切な存在。　「みんな違ってみんないい…」
そう思い合える仲になれるって、素敵なことですよね。

子どもの姿を肯定的に観るのと同様に、同僚の発言や行動も肯定的に観ていきたい。
小さな工夫や努力に気付き、認め、考えを受け止めることから
いい関係性を気付いていけると信じている。
ポジティブな見方をすると、気分が良くなっちゃう！
前向きなセルフイメージ。

十人十色、それぞれの考え、思いが明日の保育のヒントに！
人の良いところは素直に “素敵” と言いましょう。
先輩も後輩から学ぶことが沢山あります。
先輩からも後輩からもそして子どもからたくさん学べる人って素敵です。
良いところを吸収し合い、互いに成長していける、そんな関係性が大切ですよね。
良かったことを言葉にして伝え合う
お互いを認め合う、言葉にすることで相手に伝わる！
認め合うことって大切！

「青色青光　黄色黄光　赤色赤光　白色白光」
「阿弥陀経の中のこの言葉は幼児教育の心そのもの。その子の色を大切にすることを忘れてはなりません。」安達　響（ひじり幼稚園創設者）

絆　わたしたちが毛糸でできた大きな編み物で、子どもたちや家庭を温かく受けとめ支えているとしたら、私たちひとりひとりは大切なひとつの網目です。自分自身が小さく思えても大切な一人でみんなに支えてもらいながら支えています。小さくてもかけがえのない一人です。

・子どもを育てながら大変なときに人に迷惑をかけちゃいけないと誰にも言わずに悩んだり子どもを傷つけながら自分自身も傷ついているお母さんがいます。自立と孤立はちがいます。助けるときも助けられるときもあるのが人間です。助けてもらったときに「迷惑をかけて申し訳なかった」と思うことは悪いことではありませんが、それよりも「今度は私がだれかを助けてお返しをしたい。」と願うことが大切です。

周りの人が喜んでくれたり、気持ち良く過ごせたりするように、
自分の出来ることを心がけてみよう！

図4-1　園の方向性を示すツールの一つ、フィロソフィーブック

③個々の主体性が発揮されるチームづくり

◎理念の共有

　リーダーの資質やスキルを表す言葉として、「リーダーがしてほしいことをその人がしたいからする」（ロッド、2013）というものがありますが、主体的に保育に取り組めるように、個々の保育者の意欲を引き出すことは重要なリーダーシップです。これまでの階層型リーダーシップが、1球ごとに細かくサインを送って指示する野球のスタイルとすれば、分散型リーダーシップでは、チームとしてのコンセプトや戦術は共有しながらも、個々の判断が重要になるサッカーのようなスタイルかもしれません。

　この分散型リーダーシップを私の園に当てはめて整理したのが、図4-2になります。方向づけのリーダーシップ、協働的リーダーシップ、他者を力づけるリーダーシップ、教育のリーダーシップの四つのリーダーシップはどれも重要ですが、園長一人でできるものではなく、チームとして、ベテランや中堅がそれぞれの持ち味を活かして発揮するものです。園として大切にしたい共通の理念や思いをもつのは当然ですが、逆に、理念等がさまざまな形で保護者に対して示されることがなくては、主体性を発揮することはできません。それは保育においても同様です。私の園では、保育を組み

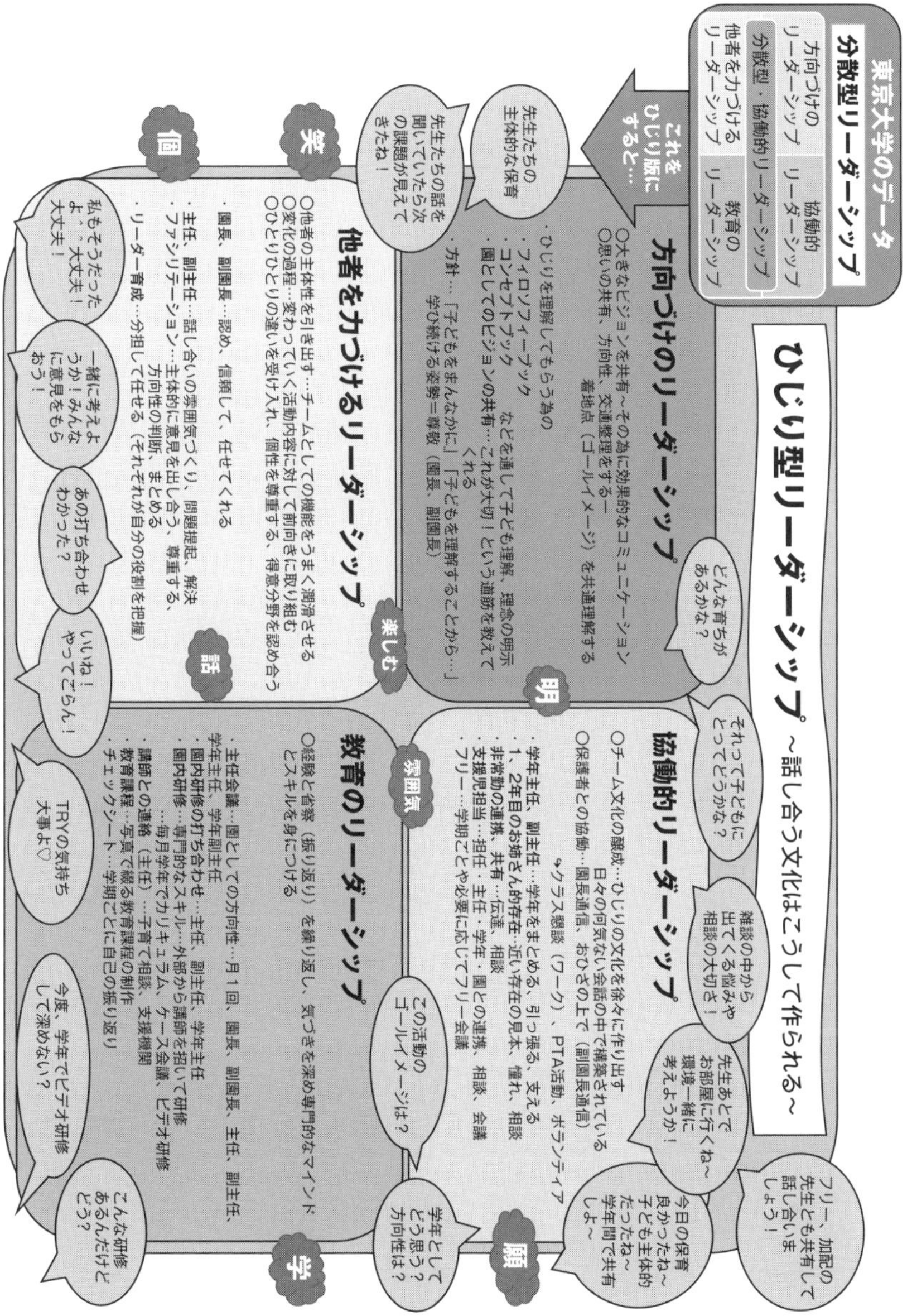

図4-2　ひじり園の分散型リーダーシップ（藤原晴子・米田亜里沙）

立てる際に、次のように考えることを基本としています。

①この時期の「子どもの様子」や「育ちの姿」

②その姿からどのようにしていきたいのかという「保育者の願い・思い・意識していること」

③「保育者の願い」を具体的にするための環境や援助の工夫・手立て

理念や園として大切にしたいことを具体的に共有することで、保育の自由性を損なわず、安心して主体的に保育を考えることができます。このように「園として何を大切にするか」等、大きな方向性を園長が明確にしていくことで、チームとして、あるいは個々の保育者が主体的に考えていくことが明確になります。

それぞれの園で大切にしていることや伝統は、すべて園長から発信されてきたものではないと思います。例えば、私の園では、卒園式当日に子どもが発熱等の理由で欠席した場合は、その子どもの体調が快復した後、二度目の卒園式を行います。これは園長が決めたことではなく、10数年前に欠席した子どもが出た際、その子どもの担任が泣きながら「卒園式をやってあげたい」と訴えたことから始まったものです。このように、保育者が子どもの成長を願って始めたことが伝統となっていることがたくさんあります。

このように保育者が園の理念に沿って（私の園では子どもを真ん中に据えて）考えたアイデアや実践を尊重し、大切にしていくことで、園（あるいは学年やチーム）は、個々の保育者の主体性が発揮されるチームとなります。子どもが創った作品を大切に飾るように、保育者が創造したことを大切にして主体性を育みたいものです。

◎採用

質の高い保育を目指す上で、保育者の資質の向上は欠かせません。就職後の育成が最も重要ですが、保育は受験勉強のように一人で何かの知識を憶えていくのではなく、同僚との関係性の中で子どもの姿を始めとして、保育のさまざまな事実と向き合いながらともに学んでいくものです。ですから採用の時点から、育成のことを踏まえながら考える必要があります。

私は採用試験を受けて私立小学校に就職しましたが、その小学校の採用はとてもユニークでした。校長と教頭は最終面接まで一切採用にかかわらず、若手の先生が採用試験を考え、最終選考まで選んでいくのです。実際に就職してから感じたことは、採用にかかわった20代、30代の先輩が、本当に親身になってさまざまなことを支えてくださったということです。多くの人が採用にかかわるということは「選ぶ」こと以上に、採用後の「育てる」ことを重視した方法だったのではないかと思います。

私の園でも、20年近く同様の方法で多くの保育者が関わって、採用試験を実施しています。園長が採用試験にまったくかかわらないことはありませんが、園長や副園長、主任、学年主任、さまざまなリーダーが等しく1票を持ち、最終的に採用か不採用かを決めます。これは、一緒に働きたいかどうかをみんなの眼で見極め、責任をもって育ててもらいたいからです。

さらに、採用試験の内容もみんなで決めていきますが、重視するのは採用後に育つ人かどうかです。他の園でも同じような視点で選抜していると思いますが、「元気にあいさつする」という、そのときだけがんばってできることや、「ピアノが上手に弾ける」という一部の技術の評価に偏ったり、ペーパーテストで知識の量を計っても、それが保育者の適性を計れるかどうかは疑わしいものです。

何より大切なのは、採用後、さまざまな先輩保育者がそれぞれの立場からかかわり、育ててもらうことなので、採用試験にかかわる人も含めて、できるだけ多くの人にかかわってもらいます。もちろん、それぞれの主観だけで選ぶわけではなく、どのような資質をもつ人を採用したいか、その資質を見極めるための試験はどのようにすべきかというように、ある程度の評価基準を共有したうえで、園長（施設長）から学年主任・副主任までの10数名が、伸びる人、育てやすい人を見極めています。

教育の専門性を表す言葉として、近年は「教える専門家から振り返りの専門家」といわれるように、振り返り力があるかどうかは、適性を見るうえで重要なポイントです。一人ひとりの子どもの良さが育つためには、子どもの個性を肯定的に見ることが条件となるからです。

さらに園として重視しているのは、育てやすい人物かどうかです。前述のように、自分の思いや弱みを見せること等、自分をオープンにできる人はとても育てやすいです。ですから採用試験で、例えば子どもの前で一定時間保育をしてもらったり、ある試験内容について自分自身を振り返ってもらう時間を設けています。自分を振り返りながら、「あのときもう少しこうすればよかった」と言えるような人かどうかを見ているのです。試験なので、受験者も自分のよいところを見せようとしますが、受験者の本音を引き出す試験になるように、グループワークを取り入れるなど、採用にかかわる保育者が知恵を絞って試験内容を考えています。

これらの採用方法をいきなり実施するのは難しいかもしれません。しかし、理事長や園長がトップダウンで採用したり、誰かの紹介で断れずに採用しても、採用後にうまく育ててもらえないケースも見聞きします。ですから、できる範囲で園の保育者がかかわることは、人財の育成を考えるうえで大切だと感じます。昨今の保育者不足から、人を選ぶ余裕はないという声も聞きますが、採用試験は人財育成の第一歩として工夫の余地があるでしょう。

◎人財の育成

近年、多くの園では新任保育者をどのように育てていくかが、人財育成の重要な課題となっています。新任保育者が育つためには、さまざまな仕組みや同僚からのサポートが必要です。大切なのは、新任保育者の現状を理解したうえで、園の保育者としての子ども観や保育に対する姿勢、スキル等を身につけさせるために支援することです。それはある意味、保育と同じかもしれません。

現在私の園では、新任1年目は多くの場合、先輩保育者と3歳児クラスを担当し、身近なモデルとともに1年を過ごすことになります。20年ほど前までは4歳児の担任からスタートすることが多かったですが、保護者との関係で困難を抱えることが多く、次第に学年のフリーとして1年目をスタートするようになりました。

しかし、フリーという立場は担任経験のない若手にとって、担任の立場で保育をサポートする際の判断が難しいことや、個々の子どもの1年間の育ちを実感することが難しく、結果的に3歳児の担任に落ち着きました。

そのような方法で年に1〜2名をていねいに育てていましたが、今から5年ほど前の結婚ラッシュの後、産休・育休ラッシュがやってきたり、公立園の民営化を受けることが決まり、たくさんの新任を採用・育成する年がありました。そのとき「どのように育成していくか」を考える前に、「どのように育成してきたか（育ってきたか）」について、新任と組むことの多かった保育者のチーム（チーム姉御《あねご》）の視点と、1学期を終えた新任や2年目の保育者のチーム（フレッシュガールズ）の視点から振り返ってみました。

その時のワークで、フレッシュガールズの振り返りを聞いてわかったのは、若手は先輩のサポートと子どもの存在（成長）に支えられてがんばっていたことでした。たとえば、「4月に泣きながら登園していたAちゃんが、笑顔で来てくれるようになった」というように、子どもの成長が本当に嬉しく、子どもたちの成長に励まされて、無我夢中で1学期を過ごすことができたのです。

また、保育の仕事に慣れるにしたがって、2学期も半ばになると、保育の中で「保育室内の環境として○○を置いてみたい」という些細なことでも、子どもの笑顔のために工夫したくなります。ですから、新任を直接支えることは重要ですが、「Kちゃん、最近○○先生の用意してくれたダンボールの電車ですごく楽しそうに遊んでいるね」というように、「あなたが子どものために工夫してあげたことが、子どもの安定や成

長等につながっている」と、子どもの成長に気づけるようにすることが重要です。若手もベテランも園長も関係なく、保育に携わる者は子どもの笑顔や成長に支えられながら、子どもの成長を支えています。

一方、チーム姉御からは「新任といえどもこうあるべき」という意見はなく、「若い先生たち、がんばってるなあ、すごいなあ」と肯定的な眼差しで、新任の実態に合わせた援助をしている先輩の姿が浮かび上がりました。後述の「新任の教育課程」にもあるように、1学期は先輩が前に出てモデルとなり、2学期は新任と一緒に保育を考え、振り返ります。そして3学期は、新任に前に出てもらい、次年度の新しいクラスでがんばってもらいたいという、やさしさにあふれた実態が浮かび上がりました。

「新任の実態」→「経験してほしいこと」→「先輩たちの配慮」という構成は保育と同じで、いつしか『新任の教育課程』というネーミングになっていました（表4-1）。

新任の教育課程の中で、チーム姉御の保育者たちを中心に「2学期に新任が『こんなことをしたい！』と提案してきたときに、『じゃあ、一緒に考えよう！』と一緒に考えて、具体化して保育を

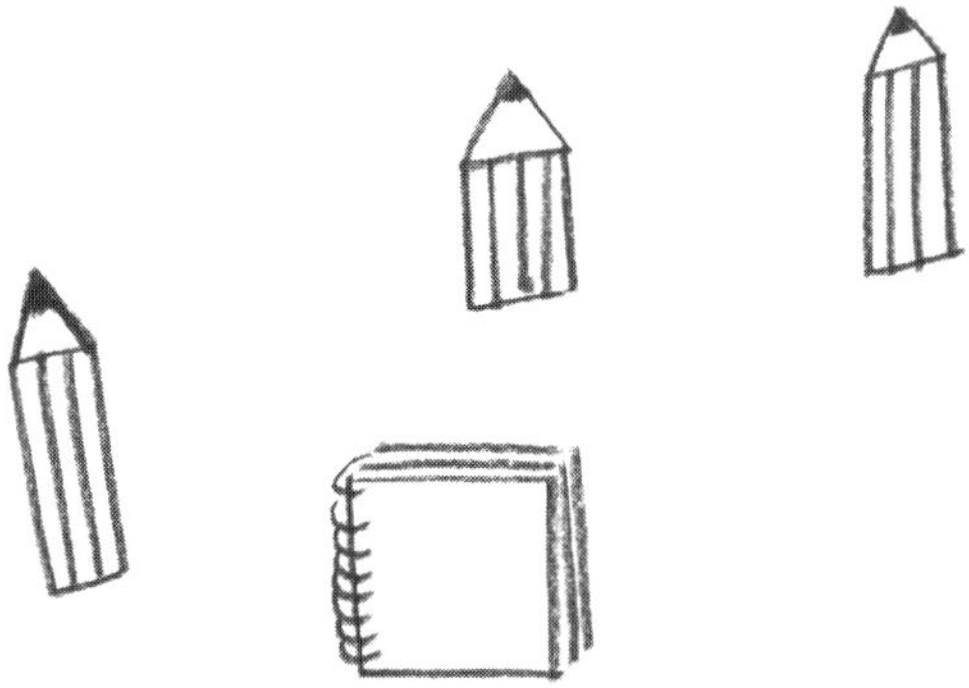

したあと、いい振り返りをすることが大切」と力説したのが、中央の「経験してほしいサイクル」です。「こういうことを保育の中でしたい」と先輩に提案し、一緒に考えて実際にやったあと、子どもの姿から振り返るというサイクルを経験することを大切にしています。

また、単に経験するだけではなく、このサイクルの中では、経験のあるベテランが「私だって何年経っても完璧な保育はできないよ」と、やろうとする姿勢や実際に一緒にやってみることが、新人にとっては一番大事」という気持ちで寄り添っています。このような先輩のおかげで「今度は〇〇をやってみよう」と振り返る力と主体性のある保育者に育っていきます。

日々の保育の振り返りでは、新任とペアを組む先輩の間で『ふりかえりノート』を書いて実施することもあります。新任が毎日の保育の振り返りを書いて、先輩がていねいに答えます。5年ほど前に自然と始まった頃は、新任が毎日ノートにびっしり書いていました。内容は「〇〇したらよかった」という反省の記述が多かったです。先輩保育者は「よかったことにも目を向けてほしい」と思い、「やってよかったこと、楽しかったこと」「こうしたらよかったという反省」「明日こういうことがしたいというアイデア」の3つを簡潔に書くようにしました。

7月	9月	10月	11月	12月	1月	2月	3月
●七夕まつり ・2人で流れを確認しながら一緒に ・保護者に挨拶やってみる	●敬老の集い ・前に立ってやってみる ●誕生日会 ・係が順番に回ってくる（司会、ピアノ、劇） ・自分で覚えたものをやってみる ●きらきら広場 ・子どもと一緒に楽しむ	●運動会 ・行事には少し慣れてきた ・競技は楽しめる ・担任が伝えた後に、副担任が補う ●クラス懇談会 ・落ち着いて進められる ・保護者の目を見て伝え、笑顔で進める ・学年の前で体操、手遊び	●秋の遠足 ・人数確認 ・全体への声かけ ・バスレク ●つくろうDAY ・ごちそうさまのタイミングを意識する ・学年の司会に挑戦	●個人懇談③ ●おもちつき		●表現発表会 ●個人懇談④	
	保育（行事）に追われながらも保育を楽しみたいという意欲を持つ			子どもの成長を喜ぶと共に自信を持つ			
・日々のコーナー設営に悩む ・私の話を聞いてくれない…	・4月の初めの状態に戻る ・少しの間が不安 ・迷いながら保育をしている ・話がまとまらず、ダラダラと話してしまう	・声を出すが聞こえない、全体を見て動けない ・子どもの声を聞いて、コーナーを考える姿が見られる	・臨機応変が難しい ・保育の時間配分がうまくできない ・園外に出るだけで緊張				
・子どもになめられているんじゃないか…	・始園日、久しぶりで子どもの前に立つと緊張 ・間が空くと何をしていいかわからずオドオド ・伝えたいポイントがまとめられず、伝わらない ・判断ができずオロオロ	・大勢の保護者に緊張し声が出ない ・競技は楽しめるが全体への声かけが届かない	・咄嗟の判断ができず、動けないで固まってしまう ・ケンカの仲裁に時間がかかる（納得させられない）				
・子どもの前で話しやすい雰囲気を作ってからバトンタッチ！ ・少しでも楽しさを感じられるよう褒める ・その日の振り返りとアドバイスを大切にする	・一からていねいに子どもと同じように伝えていく ・間が空くと、交代して前に出たり、話を投げかける ・話のポイントを繰り返し伝える						
	☆先輩と一緒にやってみる！！ ・子どもの姿を見て、一緒に遊び、コーナーを作っていく			☆先輩よりちょっと前に出てやってみる！！ ・積極的に前に出てチャレンジ！ ・必要なところでフォローを入れてもらう			

STEP1
どんな姿から、どうコーナー・遊びを広げていくか
先輩が手本を見せながら一緒に環境、教材を準備していく

→

STEP2
「こんな姿があるから、広げてみたい！」「やってみたい！」を提案し、アドバイスをもらいながら必要な環境、教材を準備する

→

STEP3
一連の流れを自分でやってみようとし、フォロー、アドバイスをもらう

表4-1　新任保育者の教育課程

新任教育課程（案）　★　“楽しいな”と感じられることを大切に…
★　“子どもがかわいい！”が原動力になるように…

	2月・3月	4月		5月	6月
保育・行事	●表現発表会（2月） ●卒園式（3月） ●お別れ会（3月）年中・年少	●入園式 ●始園日 ・自己紹介 ・笑顔で挨拶 ・手遊び ・紙芝居 ・名前呼び ・朝、帰りの挨拶 ●体操 ・体操をまねして踊る	●個人懇談① ・メインは副担任 ・あいづち、笑顔 ・顔を覚える ●クラス親睦会 ・ふれあい遊び ・子どもの遊びを見守る ●給食 ・配膳中の子どもを見る ・給食を先に食べ、終わったらおかわり	●親子遠足 ・一緒に楽しむ ・給食のインタビュー	●保育参観 ・流れは副担任2人で前に立つ ●個人懇談② ・一言エピソードを話してみよう ・給食の片づけの流れ
実態	・いよいよ始まる楽しみと不安	・何もかもが不安		・毎日追われて必死	
	・いよいよ始まることが楽しみだが不安 ・クラスに入らせてもらって 「園の先生たちのようにうまくできるかなあ？」 「楽しみだなあ～、○○とかしたいなあ」 ・卒園式やお別れ会の先生のうれし涙や子どもの様子を見て、期待に胸を膨らませる	・何がわからないかもわからない ・副担任とうまくやっていけるか不安 ・保護者と話す時に緊張してうまく話せない ・子どもがかわいくて救われる ・子どもの前に立つと緊張して止まる… ・子どもへの関わり方がわからない	・子どもと1対1でつきっきりになる ・周りが見えない ・副担任がいるのが心強い ・個人懇談ではほとんどしゃべれない ・子どもへの言葉かけがわからない ・ピアノの練習をしていても子どもの前だと弾けなくなる	・給食が食べられない給食の援助、どこまでしたらいいかわからずつきっきり ・プレッシャー先輩みたいにできるかどうか… ・泣いている子への対応がわからない ・ケンカやトラブルの仲裁の仕方がわからない ・子どもの行動（ケンカや危険）に気づけない	・行事になると頭が真っ白… ・笑顔が減っていく… ・声が出ない・通らない ・自分のやっている事があっているかわからない… ・子どもの前で妙な間が空く ・自分にできる事を探すがあたふた…
配慮・こころもち		・毎日来てくれるだけでOK ・褒められる所を見つける ・挨拶のみでもOK！できるところだけ ・できなくても責めない！ ・はじめの1週間で全員の保護者に電話連絡 ・ペアの先生との早めの関係づくり ・学年の話しやすい雰囲気 ・担任の名前を覚えてもらえるようよく呼ぶ		・笑顔で子どもの前に立てるだけでOK ・子どもと信頼関係を早く築けるようフォロー ・信頼関係を失わないようにフォローする ・同世代の先輩にフォローをお願いする ・近い先輩がモデルになる ・保護者と信頼関係が築けるよう細かいチェックをする	
	○新任研修 ・クラスに入り、一日の過ごし方や保育者のかかわり方等を学ぶ ・ラーニングストーリーの視点で写真を撮り、新任同士で育ちを語り合う ・新任と1年目・2年目の保育者とワークを実施 ・楽しみなこと（楽しかったこと） ・不安なこと（困ったこと） ・それをどう解決していくか	☆先輩についていく！！ ・間違って当たり前！ ・先輩のマネから、とりあえずやってみる！ ・最初は学年共通のコーナーや一斉の活動も取り入れながら、クラスの興味・関心に合わせて変えていく ・学年で日々共有し、マネをしながら実践してみる			

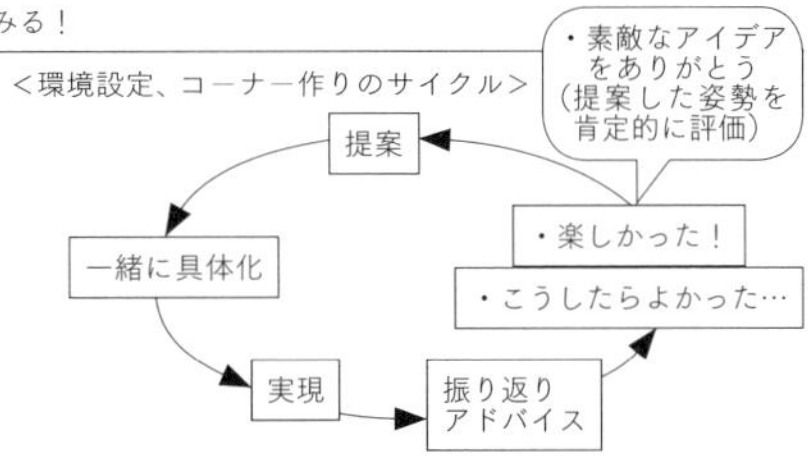

すると、新任が「認めてほしい」と思っていることを書くようになりました。先輩はノートを読むことで、保育中に気づけなかったことを知ることができます。

新任が保育という仕事を続けていくには、新任の「今（喜びや悩み等）」を理解し、良いところを認め・受容し、努力や子どもに対する思いに共感しながら、成長につながるように、振り返り等をしっかりと支えることが必要です。そのような子どもを理解すること、受容や共感をもとにした援助も、後輩が育っていくことを喜びとすることも、保育と同じかもしれません。

園長

中堅保育者等の育ちを支える

新任の育ちは中堅やベテランの心もちやかかわりが大きく影響していますが、その中堅やベテランの育ちを支えるのは園長の重要な仕事です。しかし、新任と違って中堅は一人の保育者として経験を積み重ね、保育の力を培っています。これまでの経験に敬意を払い、その経験を後輩保育者との関係の中で活かしてもらうことが大切です。

中堅保育者等の育ちを支える上で留意したいことは、次の2点です。

一つ目は「任せる」ことです。例えば、学年のリーダーとして、あるいは園のチームリーダー等の役割を任せることで、リーダーとして育ちます。チームの大きな方向性や目標は共有し、必要なフォローも必須ですが、まずはリーダーとして、チームの目標をメンバーの合意のもとで形成したり、メンバーの意欲を引き出すリーダーシップを発揮する機会を、力量に合わせて設けることが重要です。

二つ目は、肯定的な眼差しを送ることです。中堅やベテランが、新任や若手に肯定的な眼差しを向けることは、若手の成長に有効です。中堅保育者自身が肯定的な眼差しを向けるということは、彼ら自身が肯定的な眼差しを向けられていることが必要になります。園長として新任や若手の成長を喜び、評価することは大切ですが、その成長を支える中堅やベテランに対する敬意や感謝を忘れてはなりません。

園長

多様な人間関係に支えられて育つ

離職率の高い園の特徴とは

たとえば、年度の終わりに新人や若い保育者が同期と一緒にたくさん辞める園があります。大妻女子大学の岡健教授は、そのような園の特徴として、同期同士の関係性は強いものの、年代を超えた結びつきが弱い傾向があると指摘しています。

そのような園でアンケートやヒアリングをして、何を誰に相談するかという関係性を図式化すると、一目瞭然です。同期や同年代同士で悩みを話し合い、相談して「仕事大変だよねえ、辞めようか」となります。対して、職場内の関係性が多様な園では、新任は日々の保育に関することは同じクラスや学年を担当している先輩保育者に相談します。保護者や自分自身の困ったことなどは、園長や主任、学年主任、少し年齢が上の先輩など、状況に応じて相談先を変えています（図4-3）。

多様な関係性を築く仕掛け

新任や若手が自ら関係を築いていく部分もありますが、園として多様な関係を築きやすい仕掛けが必要です。たとえば、4月から採用される新任の内定者研修は、3月に行う園が多いと思いますが、どのような研修を行っているのでしょうか。また、誰と一緒に学んでいますか。

実際に保育に入ってもらうこと（ＯＪＴ）も大切ですが、少し上の先輩と一緒にワークを行い、関係性を築くきっかけにすることで、その後の仕事がスムーズに運びます。

私の園では、新任は就職後1年を経過した少し年上の先輩とワークを行います。先輩はこの1年間で「楽しかったこと」「困ったことや悩んだこと」「それらをどう乗り越えたか」を付箋に書いて、順に発表します。対して新任は「楽しみなこと」「不安や心配なこと」を付箋に書いて発表していきます。先輩の話に安心するとともに、ワークの時間を共有したことが、先輩との人間関係を築くきっかけになります。

また、新年度が始まったあとは、新任と同じ学年やクラスを担当しているベテランが、「同期や少し上の先輩のほうが話をしやすいかな」と感じた時は、振り返り等が終わったときに「先に部屋に戻って○○先生と話しておいで」「同期や隣にいる先生に聞

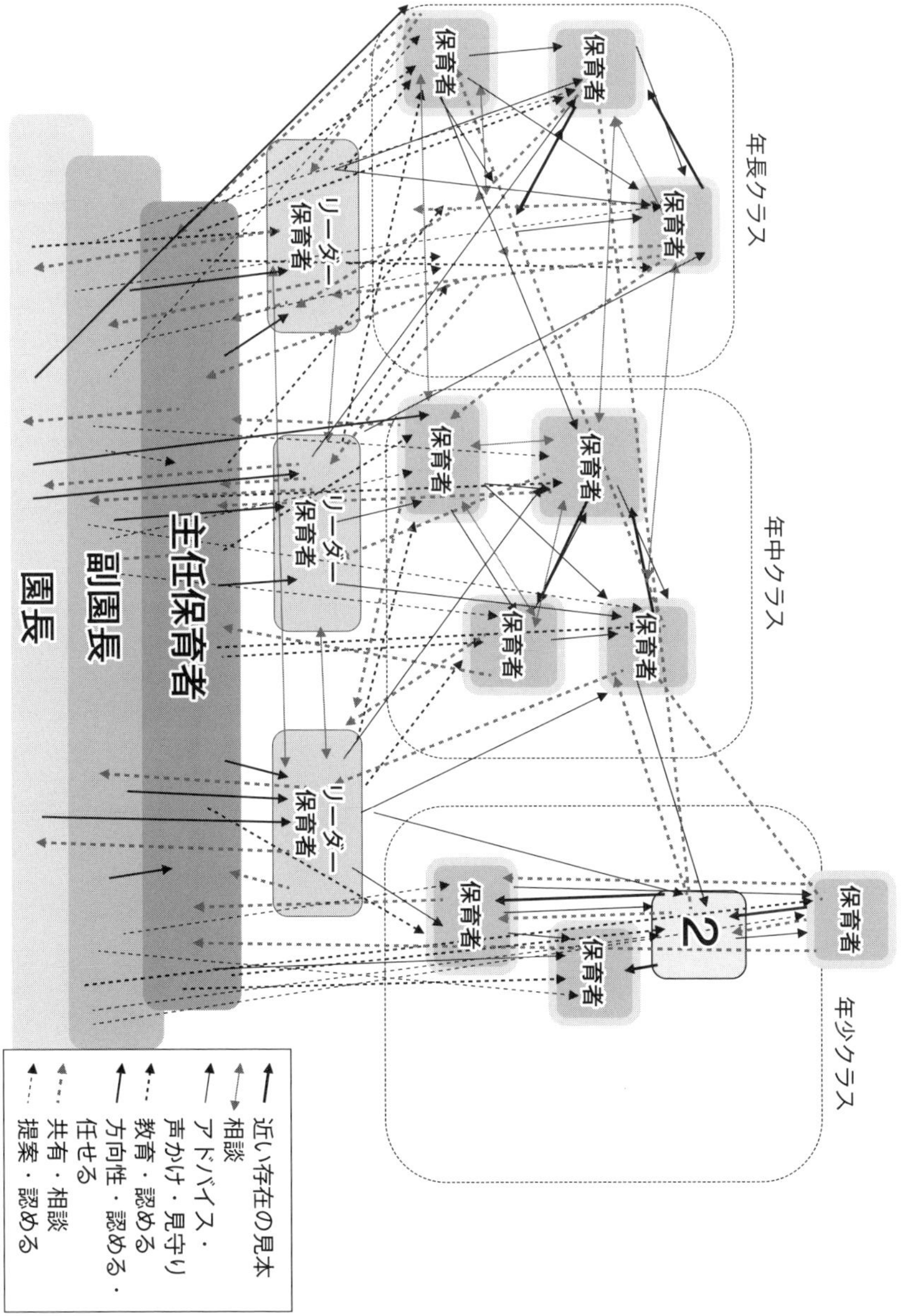

図4-3　ひじり園の職員関係チャート

いておいで」と伝えたり、隣のクラスの2、3年目の保育者には「部屋の用意をしに行ったから、見てあげてね」とお願いするなど、先輩や同期に早めに相談に行かせる配慮もしています。ペアを組んで同じ子どもを観ている先輩保育者との関係はもちろん、多様な関係の中で支えられていることが重要です。

園長

◉**参考文献**

安達譲、安達かえで、岡健、平林祥『子どもに至る：保育者主導保育からのビフォー&アフターと同僚性』ひとなる書房、2016年

第5章

キャリアパス・人材育成

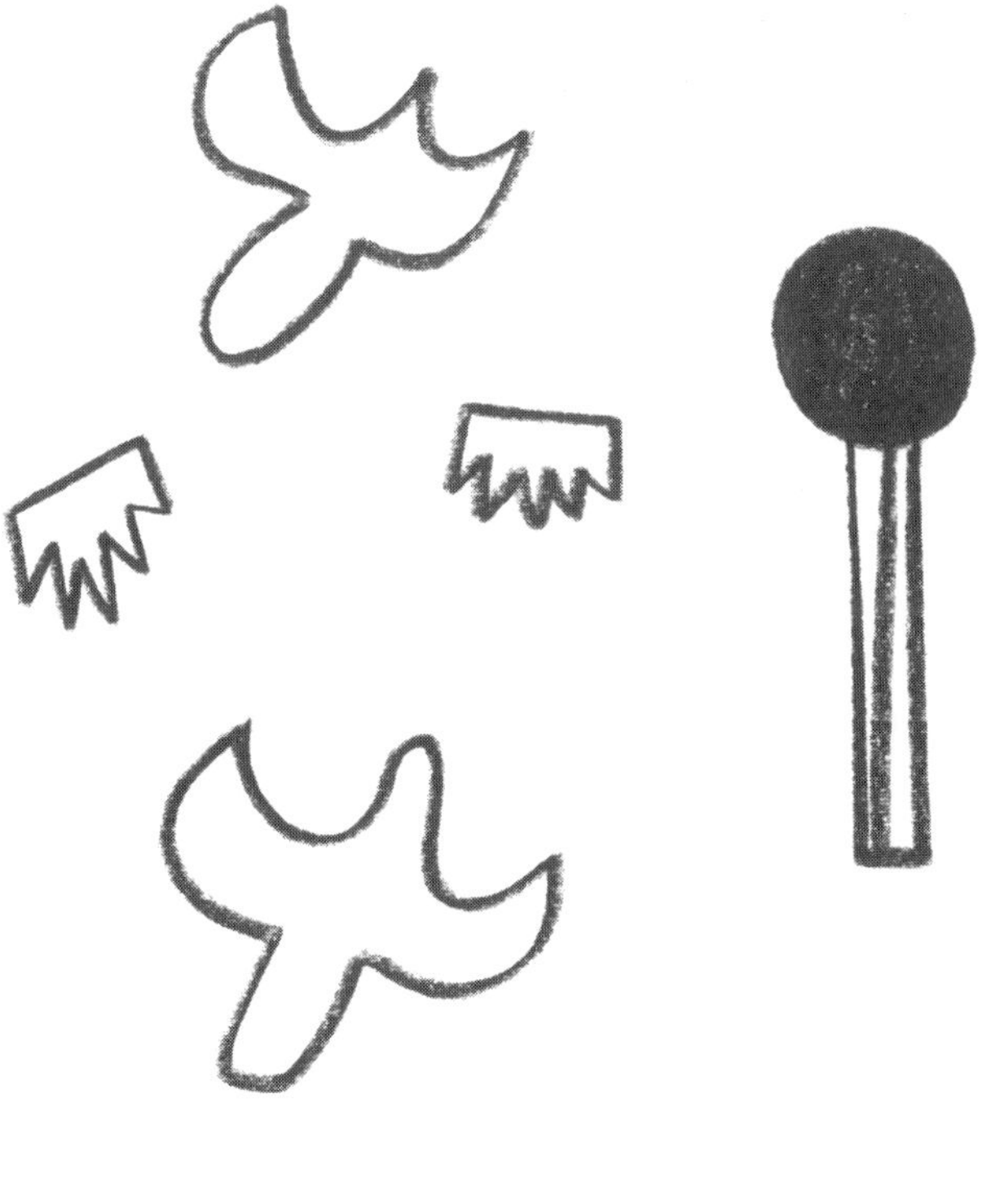

キャリアパスが描ける職場環境

子ども・子育て支援新制度が施行され、保育者を取り巻く環境が大きく変化しています。新制度の中で重視されているのがキャリアパスです。キャリアパスとは、「仕事の経験歴を通じ、昇進、昇格へ進む経路、長期的な職務の道や展望を示したもの」[5-1]と定義されています。国の方向性の中でも、特定のキャリアアップ研修を終えた者に対して、処遇改善が行き渡る仕組みが構築されました。

このように、保育者が長く安心し、やりがいをもって働ける環境を整えることが喫緊の課題となっています。当園でも職員が〝キャリアパスを描けない〟ことが大きな課題でした。本章では、主任の立場にある私が、園長の思いを受け、園長とともに、キャリアパスを描ける職場を目指し、課題に対して取り組んできた過程を紹介します。

自園の状態を見つめ直す――先が暗いキャリアパス

私は大学卒業後、二つの幼稚園で担任やフリー保育者として4年間勤務し、その後、実家の幼稚園に戻りました。自園と過去に勤務した園と比較し、一番改善しなければならないと感じた点は〝職員が働きやすい職場環境〟です。特に〝勤務時間の長さ〟と〝職員の人間関係〟に大きな問題がありました。

勤務時間は、日々の業務に無駄・無理が多かったことから、毎日平均2時間は残業、行事前はさらに1時間程度の残業が常態化していました。また、職員の人間関係は、担当学年内、同期同士などポジションごとに支え合う雰囲気があるものの、園全体の風土としては築かれていませんでした。このような状態のため、入職後数年間は必死でがんばるけれど、園の中核である学年主任になることの予測がつくと、その前に退職するという悪循環が生まれ、「職員の層が厚くならない」「育ててもすぐに辞めてしまう」といった、人材育成に関する悩みを常に抱えていました。

園長は、午前中は園での時間を大切にしていましたが、午後は幼稚園協会など園を離れた仕事が多く、外出する日が週の大半を占めていました。保育者が話し合いをもつことが多い時間帯の園長不在は、園長と保育者との距離を広げていました。そのため園長の保育への思いや考え方が保育者に伝わりにくく、密なコミュニケーションをとりづらいことが大きな悩みでした。

「もっと私たちの話を聞いてください」

そのようななかで、園の課題を見つめ直すきっかけとなったのは、若手職員の「もっと私たちの話を聞いてください」という訴えでした。

これまで、主任である私もその場その場で上がってくる問題へのフォローはするものの、根本的な問題点に対してゆっくり対話をする時間をとれていませんでした。そこで、若手職員とゆっくりと話す機会を設け、仕事量や勤務時間など、彼女たちが感じている問題点や課題について話し合いました。そのなかで心を動かされたのが、「自分たちの大好きな幼稚園だからこそ、今よりもっとよくしていきたい」という言葉です。

彼女たちとの対話から熱い思いに触れ、改めて保育者の声や思いに耳を傾けながら、園長の思いをつなぎ合わせることとの必要性を感じました。そして、私自身が課題と感じていたキャリアパスが描ける職場への改革が始まったのです。

育ち合うことに喜びを感じる組織を目指して

改革の3本柱――時間・空間・仲間の見直し

職員の早期離職という課題からキャリアパスを描ける職場となるよう、園長とともに、園として目指すべき方向性について議論を重ねました。そして、子ども理解を深めながら、保育者として育ち合うことに喜びを感じられる組織を目指すこととなりました。

目標を実現するために、改革のための3本柱を掲げることにしました。子どもが環境を通して育っていくように、職員間の関係性においても環境は重要と考え、職員にとっての時間・空間・仲間、いわゆる「3間」を見直すことにしました（表5-1）。

【時間】働き方の見直し――事務業務のICT化・保育記録の可視化

子どもたちの育ちを保障し、保育者がワーク・ライフ・バランスを保ちながら仕事を進めていくには、仕事の効率化は欠かせません。そこでまず、業務量を見直し、適正な

表5-1　3間の見直し

【時間】働き方・勤務時間の見直し	事務業務のICT化・保育記録の可視化
【空間】職員室・園長室のあり方の見直し	子どもを中心とした対話が醸成される場
【仲間】学び方の見直し	園内研修を通して共通理解を図る・実習指導のあり方

勤務時間となるように改善を図りました。特に効果が大きかったのが、次の二つです。

◎事務業務のICT化

今や、一人1台スマートフォンや携帯電話を持っているのが当たり前の時代となりました。保育業界も、業務の効率化を支援する多様なサービスが存在します。当園でも数年前から導入し、業務効率の改善を図っています。

具体的には、タブレット機器を使用した延長保育利用児の利用時間の管理、利用金額の自動計算、パソコンやアプリからの出欠席連絡の受付、紙で配布していた手紙のメール・PDFデータでの閲覧化など、毎日の事務業務のICT化を推進しました(表5-2)。これまでアナログ作業にかかっていた時間を大幅に短縮することができ、園全体の業務量の削減につながっています。効率化した時間や人手は、保育の人員増・教材研究・保育の振り返り、準備等に充てることで、今までよりも少ない時間で保育

表5-2　事務業務のICT化

頻度	内容	変更点
毎日	出欠席連絡・バス連絡 預かり保育の予約・利用料計算	ICT化
毎週	【手紙】連絡事項	削減
毎月	【手紙】月の予定・連絡事項・保育のねらい	紙・ICT化を併用

の質を保障することにつながりました。

◎保育記録の可視化――時間対効果

作成時間に対して効果が出ていなかった保育記録についても見直しました。それまでのクラスだよりは、遊びの中で経験していることや学んでいることを文章にまとめて発信し、子どもの育ちを保護者と共有することを目的にしていました。しかし、保護者からの反応はほとんどありませんでした。

そこで数年前、園長から記録の可視化に取り組みたいという提案がありました。記録を可視化し伝わりやすくすることで、子ども自身が自己肯定感をもつことにつながり、保護者も子どもの成長を実感できたり、保育者自身の誇りにつながるだろうからという提案でした。

しかし、長時間勤務が常態化していた状況から、保育者から反対の声もあり、実現できずにいました。そこで、園長の思いを大切にしながら、保育者が実現可能な形を作るために、まずは主任である私が率先して、子どもたちの記録を作成しました。さらに、保育者一人ひとりの〝素敵なところ〟をとらえた記録を作成することで（写真5-1、5-2）、記録を可視化する重要性を伝え、園内に賛同者、協力者を増やしていきました。

〝時間対効果〟の観点から記録の形を検討し、作成時間を短縮しながらも最大の効果を発揮できるよう、文字を中心とした記録〈クラスだより〉から、写真を用いて可視化した記録〈ポートフォリオ〉へと転換していきました（図5-1）。取り組みの結果、作成時間は半分以下になり、保護者とは記録をきっかけとした対話が生まれ、子どもの育ちを共有する機会が多くなりました。

園長の思いを実現するための具体的な手立てを示すことで、初めての取り組みに対しても、保育者が前向きに取り組めるようにしていきました。

【空間】職員室・園長室の見直し
――子どもを中心とした対話が醸成される場を目指して

職員間のかかわりの重要性について、中原は「人は職場の人たちからさまざまなかかわり・支援を得られたときに成長する。職場におけるメンバー同士のかかわりの量

写真5-1　職員も前向きに取り組むようになった

写真5-2　主任が作成した保育者一人ひとりへの記録

が多かったり、人間関係の質が良いほど、人はさまざまな気づきによって成長するきっかけを得られる」[5-2)]と指摘しています。そこで、職員同士がかかわる〝職員室・園長室〟という【空間】のあり方を見直しました。

◎職員室──インフォーマルな対話の場

園舎の増改築の結果、職員室の半分は教材置き場になっていて、全職員が集うことが困難でした。そのため、保育の後は保育室で仕事することが定着していたのです。教材準備を行う際は効率的ですが、子どもの姿を共有する、子どもを中心とした対話は、自然発生的に生まれることはありませんでした。

〝子ども理解を深める〟〝保育者として育ち合う〟ためには、職員間の良質なコミュニケーションが不可欠です。この現状を園長に伝え、職員室という場所の見直しを行いました。

園長の判断で園舎内のリフォームを行い、職員室に全職員が集えるスペースを確保しました。職員室が利用しやすくなったことで、保育の後は職員室で仕事をすることを基本としました。また、子どもを中心とした対話が生まれやすくするために、座席は自由とし、職員間の多様なかかわりがもてるようにしています。そのほか、学年会議や園内研修等、目的によってフレキシブルに配置を変更できるようにしています。

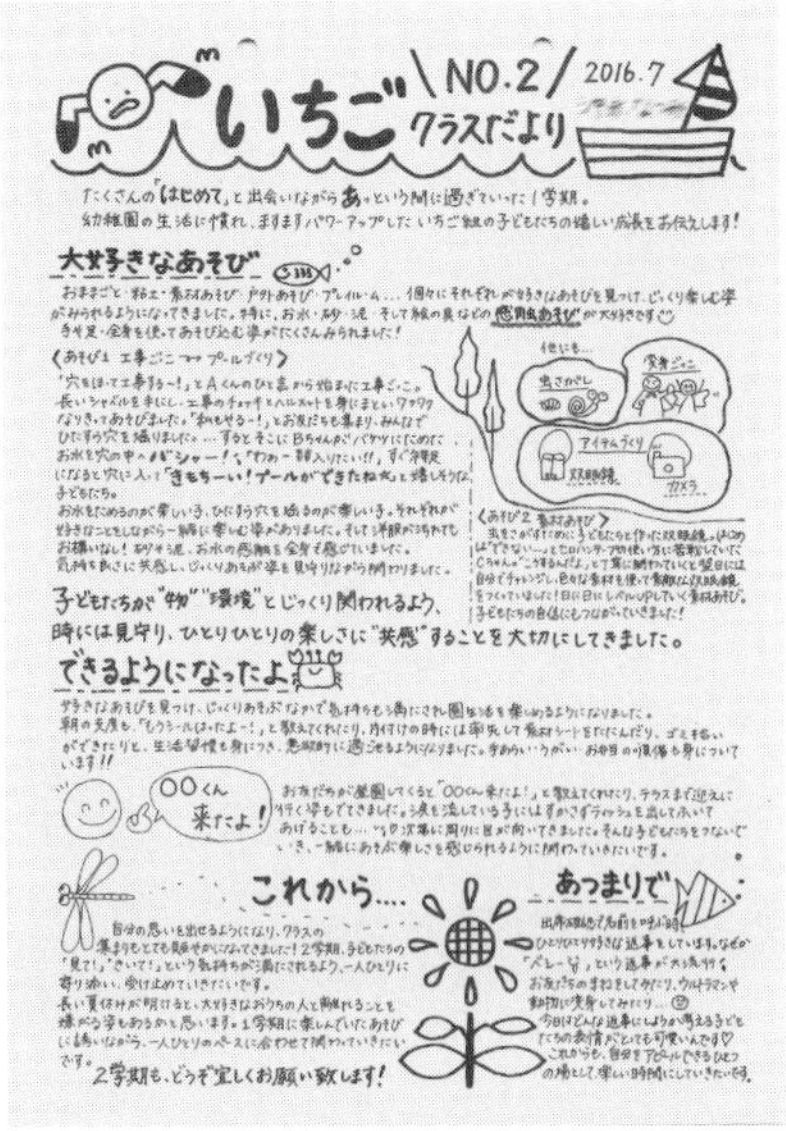

クラス便り　　→　　ポートフォリオ

図5-1　保育記録の可視化

対話が生まれやすい環境に職員室を整えたことで、保育者間で子どもの姿を共有する機会が増えました(写真5-1)。写真5-3の記録は、担任保育者が作成したものですが、書いた本人はその場にはいませんでした。別のクラスの保育者が子どもたちの姿を素敵だなと感じて撮影し、保育後にその時のエピソードを担任に伝えたことによって生まれた記録です。

保育記録は手段であり、その目的は子どもを肯定的な視点で捉えることです。さらに、職員間で子どもの姿を共有することにあります。このような職員間のかかわりが、支え合う園の風土づくりの第一歩になっていると感じます。日常の何気ない時間＝インフォーマルな時間の対話の量と質が、園の風土に大きく影響しています。子どものことを語り合う、保育での悩みや喜びを共有しやすい環境づくりを心掛けています。

◎園長室――フォーマルな対話の場

園長と職員一人ひとりがしっかりと向き合い、対話する時間を毎学期終わりに必ず設けるようにしました。パートタイムを含めると職員が50名以上に上るため、これまでは、トラブルなど職員から訴えがあった際に不定期で行っていました。しかし、学期ごとに行うことにより、園長と保育者間の信頼関係を築く価値ある時間となっています。

写真5-3　職員の情報の共有により、記録に普遍性が生まれる

私も主任として対話の場に参加することで、日頃なかなか気づけない保育者の思いや働きづらさを把握できる場となっています。現状を把握し、何か問題がある場合は園長、保育者とともに対策を考え、改善するサイクルで、問題に対して取り組めるようになりました。職員としても、困ったことや悩みがあっても、自分の声をしっかりと園長に届けられる場が保証されていることは、所属組織に対する信頼感・安心感につながるのではないでしょうか。

保育者が子どもの声に耳を傾けながら保育をすることが大切なように、園長・主任も、職員の声に耳を傾けながら園を運営することの必要性を強く感じています。

【仲間】学び方の見直し――園内研修を通し、ともに学び、同僚性を育む

園外で行われる研修について、月1回は県・市・区、公益財団法人等が主催する研修会に職員が参加していました。一方で、園内研修は学期に1、2回程度行っていましたが、園の教育課程を確認するなど、内容が固定化していました。そこで、研修の位置づけをとらえ直しました。

◎園外研修と園内研修

園外研修は、保育者個人が特定の分野の専門性を向上するために非常に有効な機会

となります。一方で、園内研修は、職員全体が共通の価値観を形成するために有効です。園内研修がもたらす効果として、那須は「園に保育の質を高め合うような組織文化が築かれる」[5-3)]ことを挙げています。そこで、園内研修を通して、職員間で学び合い、互いに支え合える同僚性の構築を目指しました。

園内研修のテーマを決める際には、園長が大切にしたいことをはじめ、保育者が学びたい内容をリサーチし、園長とともに計画を立てて実施しています。ここで、実際に行った研修を紹介します。

[研修テーマ]子ども理解を深める

～○○くん○○ちゃんマップを作ろう！～

[目的]・あそびの姿や育ちをとらえきれていない子どもの理解を深める

・職員間で子どもの姿を共有し、かかわりを考えていく大切さを感じる

[方法]①担任・副担任／フリー　二人1組になる

②クラスの中から対象児を1人決める

③保育者それぞれが、保育中の対象児の姿を撮影する

④写真をもとに子どもの姿を話し、マップを広げる

⑤マップをもとにポートフォリオを作成する

［保育者の感想］

・二人でかかわり共有することによって、その子どもの新しい発見がありました。また、小さな気づきや断片的に見た姿が、保育後に二人で話し合うことによってつながり、育ちが見えてきました。

・「一人で見る」「担任が全部気づかないと！」と考えなくてもいいと改めて思いました。

この研修は、〝職員間で子どもの姿を共有することの大切さを実感する〟というねらいをもって行いました。園内研修を通して保育者が実感を伴って学びを深めることは、園内に共通の価値観・保育観を築くことにつながります。保育者のキャリアアップにつなげ、ともに学び合い、支えあう同僚性を育むためにも、園内・園外の研修をうまく活用していくことが求められています。

◎実習生とのかかわりの見直し――子どもの世界の豊かさ、面白さ、奥深さを感じられるように

学び合う【仲間】について見直すなかで、実習生とのかかわりもとらえ直しています。これまでは〝指導〟という考え方が強く、日誌の添削や責任実習※5-1に向けてという意識が強くありました。もちろん、指導的な面も重要ですが、実習で大切にしたいのは、

※5-1　責任実習…実習において、担当保育者として指導計画を立てて、保育を行うこと。

写真5-4　保育中に撮影した子どもの姿を、保育後に振り返る

子どもの世界の豊かさ、面白さ、奥深さを感じ取ってほしいということです。

そこで、保育後の振り返り方法を見直しました。ここで、一例を紹介します。

当園では、〝子どもの姿から出発する保育〟という園長の思いのもと、園長自身がカメラを持ち、子どもたちの生き生きとあそびこむ姿を写真として切り取り、それをもとに保育者間で話し合ったり、保護者に伝える文化が根づいています。そこで、実習生にもカメラを渡し、保育中にステキだなと感じた子どもの姿を撮影し、保育後に写真を通して振り返りを行うことにしました（写真5-4）。

この方法により、実習生と保育者の関係性が変わってきました。写真を通して振り返りを行うことで、保育者も把握していなかった子どもの姿が、実習生から具体的に語られます。そうすることで、子どもの姿を出発点として、子どもの思いやかかわりをともに考える対等な関係の下で対話する場面が増えてきました。

園の改革で大切にした〝子ども理解を深めながら、保育者として育ち合うことに喜びを感じられる組織〟という、目指していた職員間の関係性が、実習生と保育者の間でも生まれ始めています。仲間という視点から実習生をとらえ、ともに学び合う関係性を築くことが、園も実習生も学びの多い機会となるのではないでしょうか。（園長）

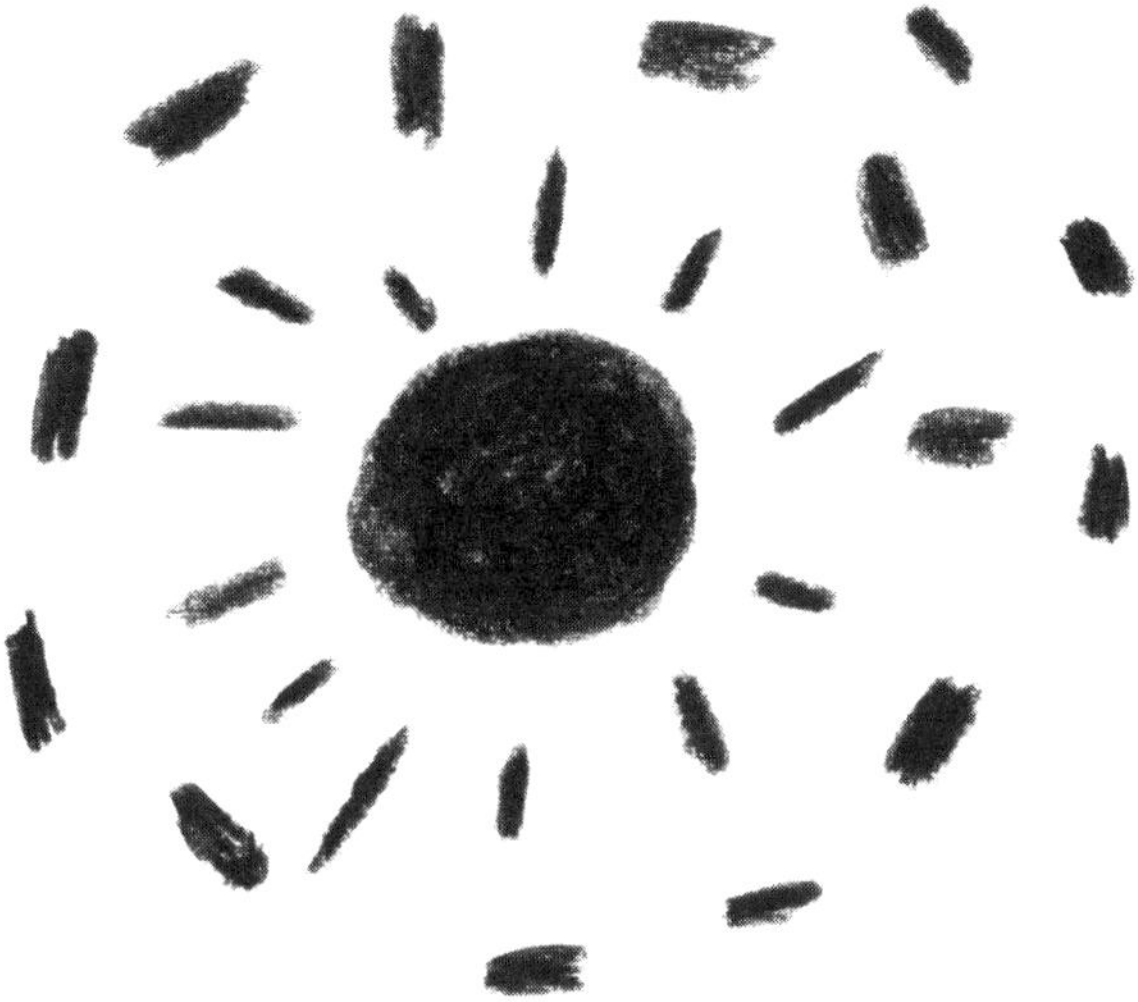

キャリアパス・人材育成の土台となるもの

キャリアパスが描けず、早期退職者が多いという状態から、子ども理解を深めながら、保育者として育ち合うことに喜びを感じられる組織に変革していくために取り組んできました。職員の時間・空間・仲間の見直しを始めて5年、早期退職者は年々減少し、現時点で3年目までの退職者は0名、職員全体の平均勤続年数も5年間で2年間ほど長くなりました。この結果は、職員がキャリアパスを描き始めているといえるでしょう。

キャリアパスの仕組みづくり、人材育成の取り組みなど、課題は山積していま

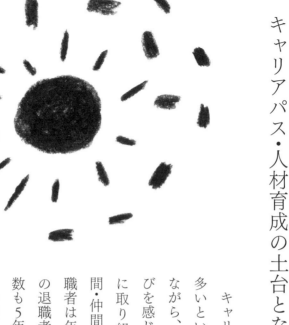

すが、取り組みを通して、大切なことに気づくことができました。それは、職員間がともに支え合い・育ち合う組織の風土が、職員が安心して長く働ける職場になる条件だということです。その風土づくりは、園長が職員とどのような関係性を築いていくのかにかかっています。だからこそ、主任として、園長の思いと職員の思いをうまくつなぎ合わせ、園全体としてともに苦悩を分かち合い、喜びを共感し合える関係性を築こうと考えています。　園長

◉参考・引用文献

5－1）　社会福祉法人全国社会福祉協議会全国保育士会「保育士等のキャリアアップ検討特別委員会報告書」２０１７年
5－2）　中原淳『フィードバック入門』84頁、ＰＨＰ研究所、２０１７年
5－3）　那須信樹（代表）『手がるに園内研修メイキング』12頁、わかば社、２０１６年

第6章
保護者との関係づくり

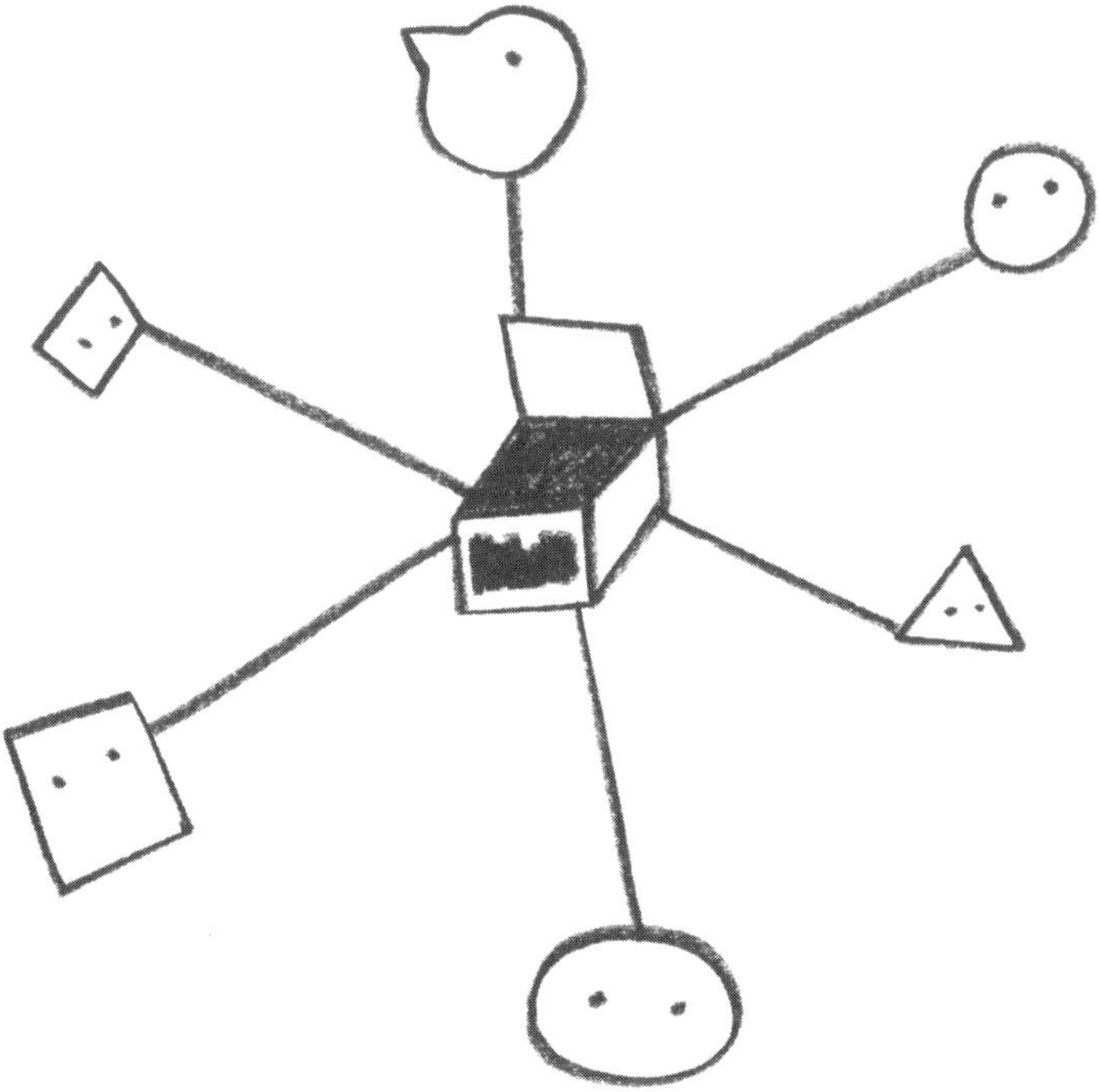

保護者に対する園長の役割

園長は園の看板であり、保護者の立場から見れば園長の存在はとても重要です。ただ、園によって立場は千差万別であり、創設者の息子や娘が引き継ぐ場合もあれば、娘婿として入る場合などもあります。また、3代目になって若い人が園長を引き継ぐ場合もあります。いずれの立場であっても、外部から見れば園長は園の顔であり、その存在によって仕事のあり方も大きく変化していきます。

本章では、保護者に対して園長はどのような振る舞いが必要か、日々の心がけはどのようにあるべきか、自身で立場を変化させる取り組みの方向性など、園長の役割について考えます。

保護者から見た看板としての園長——失敗談を中心に

どの施設においても、保護者が子どもの入園を考える材料はホームページが多くなっています。現在、多くの園ではホームページで自園の特徴や教育・保育の理念などを紹介しています。

園によって差はありますが、園長のあいさつや考え方を外部に発信するのはとても大切です。私の園では、自分自身が看板になることを意識し、顔写真入りの「あいさつ」を入れています。また、平成29年改訂の幼稚園教育要領等におけるカリキュラム・マネジメントや園の教育・保育目標の明示は、保護者にとって重要なポイントとなります。

園選びへの対策については、保護者の諸条件を満たすことも重要ですが、少子化の折、子どもをどのような園に入れて、どのように育てていきたいのか、個々の成長を願って、どのような園の方針であるかをしっかりと考える家族が多くなっています。また、祖父母の意向や家族全員の同意を得ながら慎重に選ぶ傾向があります。そのため、園として何を大切にしているのか、その特徴を示すのが園長であり、看板になることを強く意識することが求められるのです。

しかし、長い間園の看板を背負ってきた園長が代わるなど、世代交代はどこの園でも起こることです。この場合、看板の掛け替えが起こることになります。この時期をスムーズに迎えるためにはいくつかの考えがありますが、新しい園長が批判を受けたり、過剰な期待を受けるなど、多くの難しさがあります。しかし、時代の変遷とともに新たな時代を迎えることは必至であり、スムーズな移行にはいくつかのポイントがあります。

◎園長交代の事前アナウンス

保護者は、唐突な変化に対して不信感を抱くことがあります。ですから、園長が代わる可能性が明確になった場合は、何らかの形で事前に伝えておくことが必要です。

いつ伝えるのかはとても難しい問題ですが、4月当初に伝えると、動揺が起こる可能性が高くなります。できれば園を選ぶ時点での告知が望ましいですが、逆に園が選ばれなくなる可能性も否めません。入園が決まった後の告知は、当初の説明と異なるなどとクレームが出る可能性があるので、園長の交代には1年程度の余裕を持つ事が必要になります。しかし、思いどおりにはいかないこともあるので、保護者の立場からみた園長の交代がどのように影響するかを慎重に考えて実施することが必要です。

私自身は父が園長の園に入り、担任・主任・副園長・園長へと移行してきました。前園長が高齢であったため、移行はスムーズにできたつもりですが、保護者には、新園長に対する過度な期待がありました。新たな看板になるには、5年から10年が必要だと思います。

◎保護者との距離感の調整

私と前園長の一番の違いは、保護者との距離感です。前園長は、園長の立場として、少し上からの目線で保護者に対応する姿が多くありました。その時に感じたのは、園に対する要望やクレームなどを保護者が直接言うことは稀であり、園長は保護者の不満に耳を傾けることはほとんどありませんでした。

私が園長になった時に一番意識したのは、保護者の声に耳を傾けることです。陰で言われていた文句やクレームを受け入れる姿勢を示しました。その姿勢は多くの保護者から評価してもらいましたが、実はここが試練の始まりでした。

今までは言うことができなかった過去からの不満やクレームについて、さかのぼって言われることが出てきたのです。つまり「前の園長には言えなかったこと」を一気に私に伝えてくる時期がありました。顔を見れば文句を言ってくる保護者に会うのは、かなり抵抗がありました。

しかし、その2、3年の間に「傾聴・受容・共感」を積み重ね、信頼関係を形成することで、教育・保育に対する新たな視点や提案に関しても受け入れてもらえるようになりました。

◎新たな取り組みに対する説明

私は、父の園と、他者から受け継ぐ園という二つの園の引き継ぎを経験しました。1園目は、今までやっていた教育・保育に対する変革を実施する際に、多くのクレームをいただきました。その原因は、説明不足の一言に尽きます。次に、いくつかの例を紹介します。

それまで園では、季節の行事として鯉のぼりや母の日のプレゼントなど、入園当初であるにもかかわらず、子どもに多くの製作活動を強いていました。しかし保護者は、入園直後の子どもからのプレゼントに感激し、保育者は見栄えが良くなるようにと、時間を割いて作っていました。

そこで、子どもと保育者の負担を少しでも軽減するために、鯉のぼりの製作をやめて、クラスの鯉のぼりを手形できれいにアレンジし、戸外で柏餅を食べる企画に変更しました。子どもと保育者にとって、楽しく充実した子どもの日を迎えましたが、終わった後、数名の保護者から、鯉のぼり製作を持ち帰らないことに対するクレームがありました。その結果、担任保育者が責められる結果となったのです。

また、母の日のプレゼントは、保育者が用意した台紙にクレヨンなどを使って色を塗る活動でしたが、代わりに、子どもが描いた絵を持たせることにしました。入園直後の園児の絵なので、見た目は何を描いたのかわからない作品が多く、子どもが一生懸命描いたにもかかわらず「絵の意味がわからない」「去年の作品のほうがありがたみを感じた」などと言われてしまったのです。

このような出来事が何度か続き、子どもの成長や発達をていねいに促すための対応であるにもかかわらず、結果的には質の低下や手抜きという印象を与えることになりました。年度当初の変更に対する説明責任や、その都度「何をどのように変更し、なぜ変更するのか」「子どもにとってどのような成果や意味があったのか」などをていねいに伝えることがいかに重要か、それらへの配慮の大切さを学びました。保護者は新しいことについて不満を感じることが多いと理解しておかなければなりません。

◎園長と語ろう会の実施

新しい取り組みの一つとして、全園児の保護者と語る機会を設けたいと考え「園長と語ろう会」を実施しました。内容は、子育ての悩みや家庭での子どもの姿などを話し合いながら、今後の子育ての方向性や園の方針などを理解してもらうことを考えていました。当時は園児が150名ほど在籍していたので、1日5家族を2回、20日間程度の時間をとって計画しました。中には意図的に参加しない保護者もいたので、最終的には100名程度の保護者と懇談する時間をもつことになりました。

懇談の際には、おやつと飲み物を用意し、アイスブレイクをした後に本音を語る機会にしたいと願い、場所の環境設定や部屋にお花を置くなどにも気を配り、おやつの中身やお茶を出す時間のタイミングなど、緻密に楽しい時間になるように計画を立てました。

計画まではよかったのですが、園長が交代したことや保育内容の変更、若い保育者の退職など、保護者に多少不満があることは覚悟していました。「傾聴・受容・共感」を心がけ、1回の懇談を1時間程度と考え、いよいよ本番がスタートしました。

5、6名の保護者と面談室で過ごしますが、若い園長に対して本音で園に対する不満をぶつける時間になってしまいました。私にとっては試練の時間です。一人の保護者が文句を言い始めると「そんなことも言っていいのか」という空気が流れ、何年も前までさかのぼって園に対する不満を訴える場になってしまいました。何とか子育ての話などに内容を向けたかったですが、結果的に不満をぶつける会になってしまいました。

しかし、この場で聴くことができた内容は、新園長にとっては試練であったものの、本音を聴くことの重要性を感じる機会となりました。

◎新たな行事への取り組みと課題

製作活動

日常の保育のあり方や行事をよりよい方向に見直すことは、保育の質の向上や保育者の勤務時間、仕事の増減に大きく関係します。子どもが個性を発揮しながら自分なりの作品を努力して創ると、保育者が準備することも増えます。

「ひな祭り」の製作を例にとると、トイレットペーパーの芯を使って、土台になる部分に保育者が赤と青の紙をそれぞれ貼り付けておいて、子どもは顔を描いて貼ることにします。その場合、事前準備にはかなりの時間を必要とします。しかし、子どもは顔を描くだけなので、一斉活動の中で、また遊びの中で描くことになります。出来上がる作品は顔の個性のみで、他は見栄えよく見えることになります。

このような作品について、事前準備を減らすだけでなく、子どもが自由な発想で製作に取り組む方向に転換した場合、土台になる人形はトイレットペーパーの芯だけでなく、ペットボトルや空き箱でも可能です。出来上がる作品は個性豊かになるだけでなく、一人ひとりの思いが込められます。

しかし問題は、見た目のきれいさです。個性豊かな作品が、必ずしも見た目と子どもにとっての価値として理解されるとは限りません。つまり、質が低下したなどの評価が簡単にできてしまうのです。子どもの満足度と保護者の評価が乖離する可能性があります。

このように、日常の保育を子どもとともに創る方向に動かすことによって、保育者の準備に対する時間や仕事の軽減があっても、保護者の理解が伴わないとマイナスの評価につながる可能性があるのです。

発表会

行事も同じです。発表会はどの園でも取り組むことが多い行事だと思いますが、私がかかわってきた園では、かなり派手な衣装を纏《まと》い、当日に向けて多くの時間をかけて練習を積み重ね、当日を完成度の高いかたちで迎えるように保育者は努力してきました。それを否定するつもりはありませんが、行事が子どもにとってどのような意味があるのか、この点から問い直しを行いました。

子どもの日常の遊びの姿や、子どもが実現してみたい思いが表現できる発表会はどうあるべきなのか。保育者らと対話を積み重ねる時間をとりました。子どもは日々の遊びの中で起きているごっこ遊びや、なりたい自分になるために、ビニール袋を衣装に見立てたり、剣を作って忍者になるなど、子どもらしい日常の表現を発表会につなげる方向で検討していきました。

発表会当日、子どもは大変楽しみにしており、自分がやりたい役で表現することに心を躍らせて、舞台の上で張り切って実施しました。保育者としても、日常の遊びがそのまま発表会につながったことに喜びを感じていました。

しかし、事件はその翌週起こりました。園長宛に匿名の手紙が届いたのです。「今年の発表会について」というタイトルのパソコンで作成した文書が、Ａ４用紙２枚に綴られていました。主訴は「親戚や家族全員が楽しみにしていた発表会で、ゴミ袋で踊らされたのは最大のショック」ということです。また、事前に何も知らされず、こんな発表会であれば祖父母には声をかけなかったというクレームが、綴られていました。

園長の私もショックを受けましたが、この手紙を担任に見せるか、匿名なので返事ができないため、どう対応すればよいのか、本当に苦しい状況でした。いろいろと考えなければならないことが多かったのですが、時機を見て、副園長・主任に手紙を見せたうえで、担任への対応を考えました。このまま伏せておくことも考えましたが、よい機会ととらえ、園全体で考える時間をもちました。

担任はかなり落ち込んでいましたが、子どもにとってはよい発表会であったことを確認し、次年度の進め方や日常の情報提供の方向性を考える機会となりました。匿名ではあったものの、園長として、園全体に向けて発表会の意図や意味を伝える手紙を書きました。しかし、後から出しても響かなかったと感じるのは致し方ないと猛省する機会となりました。

運動会

さらに、運動会での出来事です。園では毎年、組み体操を実施していました。正課※6-1の保育に体育指導の会社が入っていたために、毎年同じ内容で体操の先生が指導を行い、結果として組み体操が定着していました。ある年、正課の体育指導をやめることにしました。理由は、遊びの中で身体を十分に動かす機会を多くすることが、運動能力や体力に対して成果があることが研究として明らかにされただけでなく6-1)、体育指導が入ることによって、保育者が運動的な保育内容に興味を示さなくなり、「体操は外部委託」といった意識が高くなったためです。

正課の体育をなくした時も、多くの保護者からクレームが入りました。「体操の先生が来るからこの園を選んだのに」「うちの子どもは体操の先生が大好きで、この日を一番の楽しみにしていたのに」などの意見がありましたが、クレームを少しでも軽減するために「にこにこタイム」と称して運動遊びを実施する時間を、週に1回程度設けました。しかし、保護者には体育のイメージが強く、なかなか納得してもらうことができませんでした。

そのような経緯がありながら、数年が経過し、運動会の種目や練習のあり方など、

※6-1　正課…正規の授業のこと。

遊びの延長として運動会に取り組むことにしました。当時の担任がやってみたかったことの一つに、組み体操の代わりに、曲を使って子どもが動く取り組みがありました。園長として、新しい試みを応援したい気持ちだけでなく、組み体操が運動会の華になっていたために、日常の子どもの遊びや表現活動を運動会につなげたい意識をもっており、担任の思いが実現できるよう日々相談を積み重ねていきました。

ようやく構想が整った時、保護者会がありました。担任は、以前の発表会の失敗が心に残っていたので、事前の説明をしっかりと行い「今年の運動会の組み体操は、太鼓での体操ではなく、音楽で実施します」と、今までの取り組みを変化させる旨を伝えました。

その時は大きな反応がなかったので、納得してくれたと思っていましたが、事件はその4日後に起こりました。年長クラスの保護者を中心に署名活動が起こったようで、4日後の朝、園長向けに次のような内容で、年長クラスのほぼ全員の保護者から署名が届けられました。

「年長の組み体操は今まで通り太鼓で実施していただきたい」

私は目を疑いました。まさか署名までして抵抗するとは……。結果的には、正課の保育から体育指導を外したことに対する抵抗と、新しいことに対する不満であると、痛切に感じた出来事です。

署名を受けてどう対応するか。これからが園長の出番です。大切なのは、運動会に対する担任のモチベーションを維持することです。署名を見ながら、新しい取り組みを実施するには抵抗を受けることを伝え、署名を受けて太鼓でやるか、音楽を使うかしっかり考えてみるように伝えました。私はどの方法にしても、担任の思いを支援する旨を伝えました。

翌朝、担任が私のところに来ました。どのような結果を出すか、私自身も内心穏やかではありません。結論は折衷案です。組み体操の入場には音楽を使い、体操は太鼓を使うことになりました。運動会の前に、保護者が納得できる文書を出すことで、園の方針や考えを伝える機会をもつことになりました。

運動会当日は、園が方向性を転換したことで、納得している保護者が多かったと感じました。新しい取り組みに抵抗される結果となり、保育を見直すことの難しさを痛感する結果となりました。

保育の転換と保護者との関係

園長の交代があって7年ほど経過し、新しいことを実施することに対する抵抗がかなり強烈であること、変化に対して事前のていねいな説明が必要であること、子どもの遊びは保護者には見えづらく、目に見えやすいことに評価が集まるなど、多くのことを学ぶ機会を得る時間となりました。

しかし、子どもにとって必要な教育や保育の質的な向上は、私自身の重要な理念でもあります。教員養成・保育士養成を大学で担当する立場からすると、大学での講義内容と園の保育にズレが生じていることは、自身の中で納得することができません。また、世の中の方向として、保育の質的な向上や学びの重要性が叫ばれている中、今までの保育の見直しをていねいに継続する必要があることはいうまでもありません。

私にとって重要な研究と実践の課題でもある「障がいのある子どもを含む保育――インクルーシブな保育」は、保育の質的な向上と重要な関連があり、この点を保護者に納得してもらうための努力も欠かすことができません。

そこで、苦悩が続いた課題が少しずつよい方向に向かったことから、保護者との関係の形成に必要な努力や方向性を考えます。

ホームページの充実とパンフレットなどのイメージ戦略

それぞれの園には、外部から見ると固有のイメージがあります。そこで、本園のイメージを少しずつ変化させるために、パンフレットやホームページを刷新することにしました。

今までは、家庭的で子どもを大切に育てることを中心に訴えてきました。この点は好意的に理解されていましたが、きちんとした雰囲気がパンフレットや写真のイメージとして浮かび上がっていませんでした。保護者は、ホームページを最初の入り口として確認するものの、現実的には園に来ることが当然増えることになります。

そこで、園のパンフレットを2種類作ることにしました。一つは写真を多くして、子どもが夢中になって遊ぶ場面を中心にしたものです（写真6-1）。子どもが没頭し、熱中している姿がイメージできるものです。もう一つは、文字情報を中心にして、本園が何に力を注いでいるのかを、短い文章に主張を織り交ぜてわかりやすく記述したものです（写真6-2）。

保護者はパンフレットを家に持ち帰り、園に来ることができなかった家族に見せる

写真6-1　写真中心のパンフレット

四季の森幼稚園の保育の留意点

子どもは生まれながらにして育つ力を持っています。しかしその度合いは子どもによって大きな差があります。本園では先生達が協力しながら一人一人の子どもが確実に成長できるように配慮していきます。そのために以下のような保育の方向を日々検討しながら子どもの楽しい園生活を充実させていきます。

- 一人一人の個性を大切にした教育
- 自然とのかかわりを重視した教育
- 作ること、描くことによる創造性豊かな教育
- 文字や数など、子どもの必要感に応じて指導する教育
- 異年齢の子ども同士のかかわりを大切にした教育
- 当番活動を通して責任感を育てる教育
- 遊びを通して育つ人間関係や知的な発達を重視した教育

この教育の重点を実現するために四季の森幼稚園では様々な工夫をしています。

4

Q&A
日常の活動について

幼稚園の一日と登降園

Q 幼稚園の時間帯はどうなっていますか？

A 徒歩の園児は午前８：４５～９：００の間に登園します。
降園は午後２：００です。バスコースは現在くじらバスが３コース、いるかバスが３コースになっています。
園に到着した園児は、朝の支度などをしてからクラスや園庭で楽しい遊びの時間が用意されています。子どもの大好きな遊具や山の滑り台、タイヤのブランコなど、子どもの運動遊びや興味関心を大切にした環境が整っています。10時過ぎ頃からは各クラスの活動が展開され、学年の課題やクラスでの楽しい時間を過ごします。

5

写真6-2　文字中心のパンフレット

ことになります。その時に家族の話題になるテーマを意識しました。特に父親は、文章をていねいに読む傾向があります。母親はイメージを描くことが得意です。園が目指している方向に共感してもらえる意識をもってアピールしました。

結果として、園が主張する、遊びを大切にした保育に対する理解を示す内容が多くなり、行事や日常の保育の方向性に理解を示してくれるようになったと感じています。

園だより、クラスだよりの変革と発信

園から発信する園だよりやクラスだよりにも、強い意識をもちました。保育内容や子どもの姿をできるだけリアリティをもって伝えることが、園の重要な役割です。

それまではイベントや保護者への協力依頼などが中心の「お手紙」といった要素が強いものでしたが、「たより」を意識することで、デジタルカメラの台数を増やしたり、カラー印刷機を導入するなど、視覚的なたよりに意識を向けるようにしました。結果的に、写真の入ったたよりは主張が強く、出来事の記録だけでなく、保育者の意図や願い、活動のプロセスなどが伝わるようになりました。

写真を活用する際には、特定の子どもに集中することがないように配慮しますが、1年間でほぼ全員が登場するように意識し、写真を掲載する許可を得てから掲載する

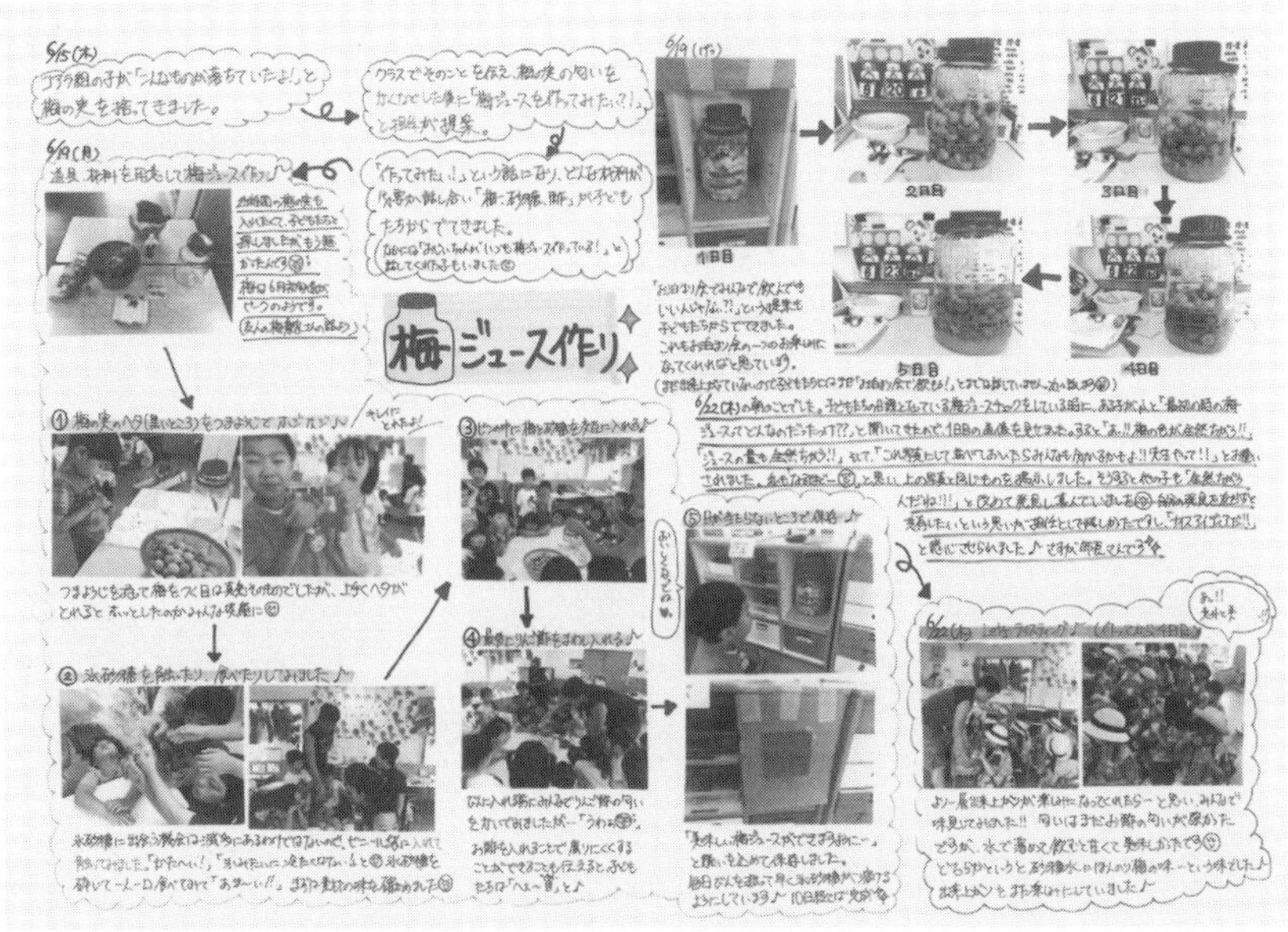

写真6-3　園だより

ようにしました（写真6-3）。

保育者にとっては負担感がありましたが、たよりの質が変化したことを保護者が評価し、子どもが家庭でたよりの説明を必死にすることなどを通して、保育内容に保護者が興味・関心を示す姿が増えてきました。現在ではドキュメンテーション的※6-2に発信することが多くなり、遊びや学びのプロセスを見える化する意識を強くもった発信を積み重ねています。

また、園内には随所に写真を掲示し（写真6-4）、子ども自身が経験したことを振り返ったり、学びを再確認するなどの効果がみられるようになりました。

参観日、個人面談、ボランティア

保護者が園に関与する時間のもち方については、精査して実施することを検討しました。参観日に関して、当初は「いつでもどうぞ。毎日が参観日です」などと伝えていましたが、バス通園が多いこともあり、見に来てくれる人が少ない実情がありました。

保護者からは「いつ行けばいいかわからない」という声が多かったため、特定の参観日を数日間設けることにしました。当初は一斉活動の時間に来る保護者が多かったですが、遊びにテーマ性をもたせたり、遊びの深まりや食育に関連する時間など、保

※6-2　ドキュメンテーション…イタリアのレッジョエミリア発祥の、記録の手法。情報を収集して整理・体系化し記録を作成・可視化すること。

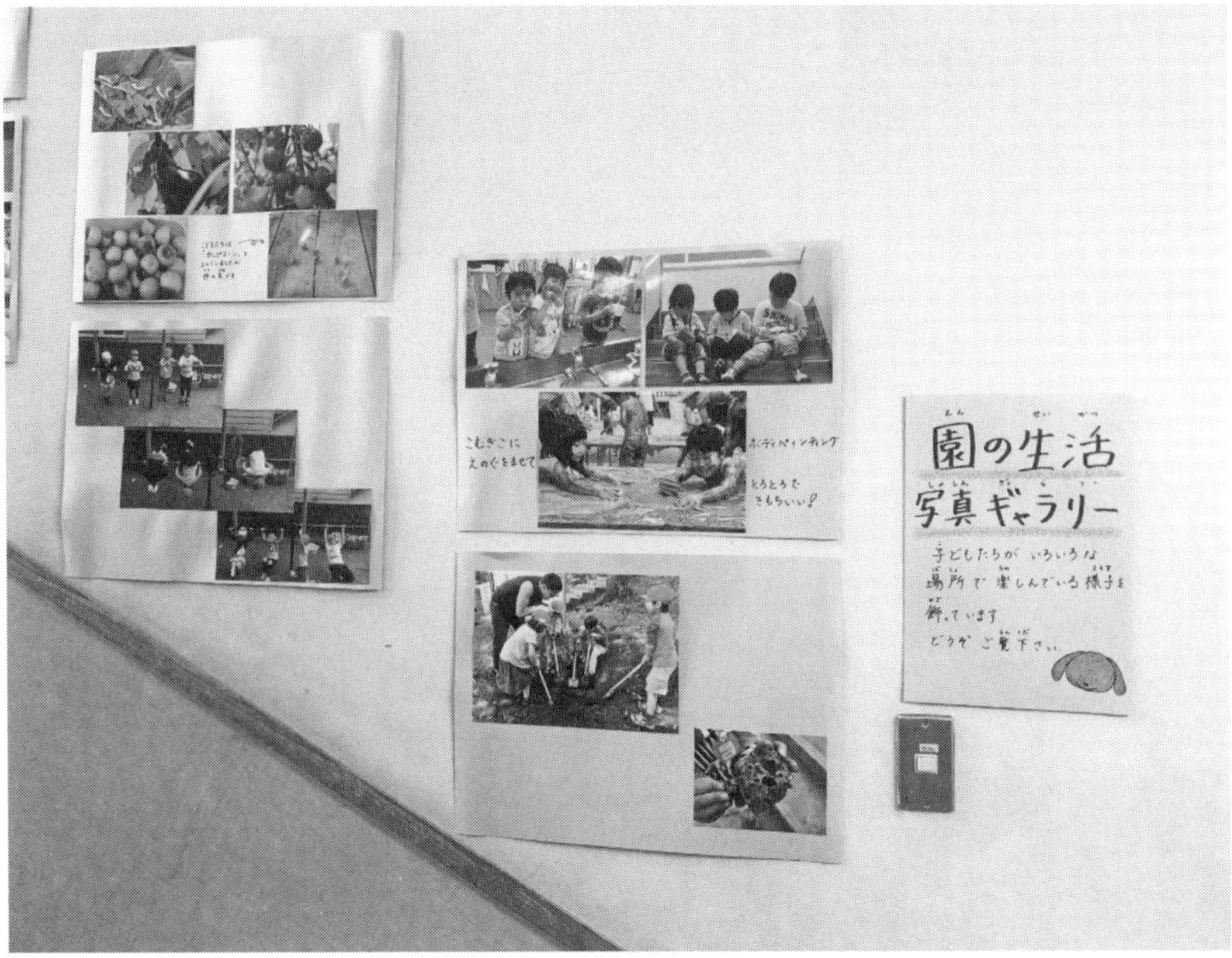

写真6-4　掲示した写真など

育者の技能などが評価対象にならない時間を多く設定することにしてきました。結果的には特定の日だけの参観になりましたが、家庭ではできない経験をしたことから、本当にうれしいなどの声が聞かれるようになりました。

具体的には、夏場はフィンガーペインティングやウォータースライダーなどの開放的な遊び、冬場は宝探しやオリエンテーリングなど、日常とは少し異なった環境構成を楽しむ時間を多くしました。

また、保護者との対話を大切にするため、短い時間ですが個人面談の機会を年度当初の早い時期に実現できるようにしました。就労している保護者も多いので、できるだけ負担感がないよう面談を実施しています。連絡帳や電話等は頻繁に活用していますが、短い時間であっても顔を見て話す機会はとても大切だと感じています。

また、遠足やスケートなど、保育者以外に大人の手を必要とする場合は、ボランティアの依頼をして手伝ってもらう日を設定しています。その際、特定の保護者だけが多くならないように、できるだけ年間で分散するように意識しています。ボランティアが終了した時には、保護者と話をして感じたことなどを副園長や主任から出してもらうようにしています。子どもの姿を読み取る時の誤解や説明が必要な場面もありますので、ともに語りながら今日の保育を振り返ることが重要です。

このような変革によって、子どもの育ちにつながる園の方針を理解する保護者が少しずつ多くなり、おおらかな気持ちで子どもと接する保護者が多くなったと感じています。

保護者と協働する機会の増加と対話

子どもの入園を決める際には、保護者との面談を実施します。その際、なぜこの幼稚園を選んだのか、どのような子どもの育ちを期待するかといった質問をすることが多くあります。近年の経緯を踏まえ、幼児期は自然の中で遊びをたくさん経験させてあげたいなどの意見が多くなりました。また、園で大切にしている家族で楽しむことの重要性を強調するだけでなく、積極的な家族参加について促すことがあります。園に入園するのは園児だけでなく、保護者も入園を迎えることになるのです。

本園では以前から、保護者主体のバザーを実施しています。毎年6月頃から企画し、10月の日曜日に保護者全員が参加して実施するのが恒例になっています。保護者が入園する際にはそのことを承知しているはずですが、ここ数年は負担感を強くもつ保護者や、開催自体に反対する声も多くなってきました。数名のグループ化による活動や、当日までの準備を楽しむことができない保護者がいることも否めません。

このような時は、今までやっていた行事やイベントについて、保護者とていねいに対話する時間を大切にしています。放置すると問題が大きくなりかねないため、園長や副園長、主任などが話し合いに参加し、次年度の方向性を話し合う時間を大切にしています。

その際、バザーが楽しく重要な機会であると感じる保護者もいれば、すぐにでもやめたほうがいいという意見が対立することもしばしばです。保育者には、保護者に対応する立場としてファシリテーター的な役割が問われます。両者の意見を聴きながら、どちらにも不満がないように対応することが必要です。私たち自身が鍛えられる一場面です。大切なのは協働することです。任せるだけでなく、ともに作り上げます。それは、子どもにとって必要な園の方向だと考えます。

パパの会の役割もとても重要です。元々は有志が集まり、6年ほど前にスタートしました。園で必要な男手として、プールの設置やペンキ塗り、遊具の作成、クリスマスライトの取り付けなど、男性の力を借りて実施する経緯があり、結成されました。

父親の力は重要で、積極的にさまざまな活動が展開されています。ピザ釜を作ってピザパーティをしたり(写真6-5)、流しそーめんをするなど(写真6-6)、楽しい企画を実現することで、子どもたちの憧れの存在となっています。

写真6-5　パパの会の様子①

写真6-6　パパの会の様子②

参加型行事の増加と理解

園の行事やイベントは、鑑賞型から参加型に移行してきた経緯があります。鑑賞する立場で見てもらう機会も大切ですが、子どもの出来映えが評価の対象になってしまいます。

そこで、参加型になるように強く意識してきました。運動会での親子競技、作品展における正月遊びや木工製作、ピザパーティや流しそーめん、家族単位の餅つきなど、幼児期に家庭で体験できないことを、園として大切にする意識をもって取り組んできました。

その結果、子どもが育つために必要な環境を家族で共有することに保護者も意義を感じ、多くの保護者が体験を振り返り、親子ともに貴重な体験の積み重ねが多くあったと実感できることが多くなりました。保護者を巻き込みながら、園を中心とした体験の積み重ねと育ちに必要なことが実現できるようになり、保護者の理解が深まることが可能になったと感じます。

紆余曲折はありましたが、子どもにとって必要な保育、保護者にとって必要な園づくりは、創造的かつ重要な位置づけとなるのではないでしょうか。

障がいのある子どもを含む保育

園には多様な子どもが存在しています。障がいのある子どもや医療的ケアが必要な子ども、外国人など、園としてさまざまな子どもや保護者が存在することを前提として地域に開き、どの子どもや保護者にも必要な保育の方向を探ってきました。

もちろん、発達障がいの子どもを受け入れていない園や、多様性に対して閉鎖的な園があることも否めません。現代の社会的趨勢から考えると、心から多様性を受け入れたうえでていねいに対応することは、障害者差別解消法などの理念から考えても必須だと考えます。また、インクルーシブな保育や保育の質的向上について、園にとって喫緊の課題であることはいうまでもありません。多様性を受け入れることが可能な保育に転換していくことは、結果的に質の高い保育への転換と合致していることが見えてきました。

園が多様性を受け入れる姿勢をもつことは、保護者の障がいに対する理解を深めるだけでなく、障がいのある子どもと健常の子どもを分け隔てることなく、ともに育ち合う共生社会の原点を幼児期に具体的に体験することになります。そのような社会形成の素地を、幼児期にしっかりと身に付けることが重要なのです。（髙長）

「この園に通ってよかった」と実感して卒園を迎えるために

保護者と園は協働関係にならなければなりません。しかし、その素地を形成するのは容易なことではありません。大切なのは園を開き、心を開き、保護者の声を傾聴し、受容しながら共感できる関係の形成です。そのためには、担任保育者だけでなく、園長・副園長・主任など、中間的な立場の人が保護者の思いを受け止めつつ、これからの時代に必要な園のあり方を常に考えながら進化させる必要があるのではないでしょうか。

結果として、保護者の育ちとともに子どもの育ちに必要な環境が育まれ、「この園に通ってよかった」と実感して卒園を迎えることができるのではないでしょうか。

今後は、園長の努力を通じて質の高い園の運営がどのようにあるべきか、実践の中から深く探ることが必要な時代に入ったと考えます。課題は尽きませんが、子どもの教育・保育に携わる人が楽しく仕事をすることが、強く求められると痛切に感じています。

本園の取り組みを通して、園長の役割として重要なことをまとめると、次のとおりです。

○園長は園の全責任を負う仕事であると同時に教職員に園としてのビジョンを示し、どのような問題や課題に出会っても、必ず最終的な責任を負う必要があります。そのためには、園長一人で考えるのではなく、教職員と共にチームとしての取り組みができているかが問われます。チームになるためには日常の会話やカンファレンスなどを通して教職員の機微をていねいに読み取り、対応する日々のコミュニケーションが大切です。

○報告・連絡・相談を常に受けることができる状態を維持し、たとえ外出していても、何か問題が起きた時は素早い対応と決断が必要になります。園長だけでの決断が難しい場合は、ICTなどを活用して民主的なプロセスを経て決定する必要があります。時に独断で決定するなど、英断する力も求められます。

○保護者に対しては、子どもが入園してくれることで私たちの仕事が成り立っていることを意識する必要があります。といっても、お客さまとして扱うのではなく、子育てを協働する大切なパートナーとしての意識をもつことです。その意識が一人ひとりの子どもを大切にする意識と、保護者にていねいに対応する意識の醸成につながります。

○専門性の向上を常に目指している意識をもつとともに、常にそれらを発信する必要があります。単なるサービスではなく、家族を支え、子どもを育てる専門的な園である自負に加えて、常に向上の意識をもつことが求められます。
こうした意識をもつことがこれからの園長の資質であり、そのためには免許や資格の取得、専門的な知識を得るために進学や海外での研修など、常に学ぶ姿勢をもち続け、社会の流れや動向を常に意識してとらえ、古い体質から抜け出す努力と工夫を積み重ねることが、園の生き残りにつながると考えます。 髙

◉参考文献

6－1) 杉原隆、河邉貴子編『幼児期における運動発達と運動遊びの指導』ミネルヴァ書房、2014年

第7章

地域資源の活用

地域資源を見直そう

みなさんは、「地域資源を活用する」といった時、一体何を連想するのでしょうか。一昔前によく耳にした言葉に「地産地消」がありました。地元で生産された食物を、日々の園での食育に積極的に取り入れていく試みが広く行われていたように思います。確かにこれも、地域資源を活用した素敵なアイデアの一つに違いありません。しかし、より広義な意味で地域を見直した時、今まで当たり前のようにしか見えなかった景色が、実は魅力あふれる保育環境の宝庫であったことに気づかされることでしょう。まず園長自らが地域にも広い視野をもち、身近な地域資源を積極的に活用する保育のもつ魅力や可能性を意欲的に考えることが大切です。

保育の抱える矛盾と課題

現在、平成30年度から施行された新保育所保育指針・新幼稚園教育要領等に伴い、保育現場における保育の質の向上への期待が高まっています。しかし一方で、慢性化する保育者不足の中、安全管理（事故防止や感染症予防等）や防犯対策の徹底等、保育現場に重くのしかかるさまざまな義務や責任が、日々の保育を萎縮させている気がしてなりません。

また、地域を見渡して感じることは、「街から子どもの姿が確実に消えつつある」ことへの強い懸念と危機感です。なぜなら、日中ほとんどの子どもは「保育現場の塀の中でしか過ごすことのできない教育」、言い換えれば「限られた園内環境だけで日々の保育が展開されている」現状があるように思うからです。こうした保育現場を取り巻くさまざまな問題をていねいに解決していくうえで何より大切なことは、園長自らがリーダーシップをとりながら、保育者一人ひとりに「今一度地域に目を向け、地域のもつ魅力や可能性を再認識し、地域資源を積極的に活用していくことの意味や重要性」を伝えていくことではないでしょうか。

（髙）

地域資源活用の意味と魅力

それでは、地域資源を活用するとは一体、どのようなことでしょうか。日々の園生活を想像すると、最初に思い浮かぶのは、散歩に出かけたり、園外保育※7-1等を実施することではないでしょうか。しかしそれらは、子どもにとってはほんのひと握りの経験にすぎません。保育者が思い切って視野を広げてみるだけで、地域の中でもっと多様な子どもの姿や学びを引き出すことが可能となってくるはずです（表7-1）。

私が園長を務める、神奈川県相模原市の都市部にある「RISSHO KID'Sきらり」は、相模大野駅から徒歩5分という好立地ですが、園庭のないテナント型の保育園（定員90名）です。

それだけを聞けば「狭くて、暗くて、かわいそう」等と思われがちな保育環境ですが、園庭がないからよい保育ができないのではなく、「園庭がないからこそ、園庭がある園以上に努力して、魅力的な保育を創造していこう」と日々努力を続けています。

そこで全職員が大切にしていることは、「園の玄関を一歩出たら、地域すべてが園庭だと思って、ダイナミックに保育をしよう！」という意識です。ですから、子どもも

※7-1　園外保育…保育園等の園舎を出て、保育を行うこと。

表7-1　地域資源の意味

狭　義		広　義
散歩／園外保育／遠足　等	⇔	遊ぶ／出会う／交流する 探す／調べる／食べる／買う 乗る／探検する／泊まる　等

保育者も、地域に出ていくことに不安を抱くのではなく、地域こそさまざまな出会いや発見があり、生きる魅力がいっぱい詰まった場所であると感じ、毎日の園生活を心から楽しんでいます。

まずは、日々地域で生活する中で自然と湧き出た子どもの興味・関心から始まる遊びの姿を通して、保育の中で積極的に地域資源を活用する魅力を整理します。

事例I【2歳児・「ラーメン」プロジェクト】

4月になり、2歳児クラス担任の保育者Iは、新たに進級してくる子どもたちが1歳児クラスの時からままごとに熱中する姿を知っていたため、クラスの中にままごとコーナーを用意することにしました。そして、自分たちが食べたい料理をリアルに再現しようとする子どもの姿が多く見られたため、料理づくりに使える素材をたくさん準備するだけではなく、さまざまな料理がイメージできるように、写真が豊富に掲載されているレシピ本を用意してみました。

すると、目新しいジャージャー麺に興味を惹かれた女児が麺づくりを楽しむ姿がきっかけとなり、空前のラーメンづくりブームが到来しました。

①保育者Iが毛糸を使ったさまざまな太さの麺を用意したところ、本物そっくりのラーメンを作りたいという思いが子どもたちの間で高まり、「ラーメンの具にピッタリな素材を探したい！」と、買い物に出かけることになりました。

②保育者Iが偶然出会った地元のラーメン屋さんとの縁をきっかけに、子どもたちをラーメン屋さんに連れていくことになりました。初めて間近で目にする、店主の調理する姿や本物のラーメンの味に衝撃を受け、ますます本格的なごっこ遊びが園で展開されるようになりました。

③「どうして、ラーメン屋さんの前を通ると変なにおいがするの?」という子どもの素朴な疑問から、その原因を解明するため、再びラーメン屋さんを訪問しました。おいしいスープを作る際に出る骨を煮込むにおいだとわかり、スープやだしづくりのための骨等、ラーメンづくりへの関心がさらに広がりました。

▼

④より本物に近いごっこ遊びを楽しめるように、子どもたちと相談しながら、ラーメン屋コーナーに対面式カウンターを設けたり、本格的に出前ができるように電話や出前かごを用意する等、店主になりきって遊ぶ子どもたちの姿が見られるようになりました。

▼

表7-2　地域資源の活用が生み出す多様な魅力

地域資源の活用が生み出す多様な魅力
○地域に出向くことで、「多様な本物（人・もの・こと）と出会うチャンス」が生まれる
○さまざまな発見や気づきから、自然と「学びのきっかけ」が生まれてくる
○多様な人との出会いから「さまざまな生き様」にふれ、「生きる喜び」を豊かに実感することができる

⑤本物そっくりにラーメン屋さんごっこを楽しめば楽しむほど、子どもたちは「本物のラーメンを作って食べてみたい！」という思いが強くなり、店主に教えてもらった作り方を忠実に再現し、見事に醤油ラーメンを完成させました。出来たてのラーメンを店主にも届け、試食してもらうこともできました。

この事例からもわかるように、地域との関係性を活かして大切にする中で、子どもたちが今まで知らなかった多様な魅力と出会いながら、生きる喜びを実感し、たくましく生きていこうとする姿が読み取れます。こうした姿に保育者が気づくだけでなく、保護者にもタイムリーかつ定期的・継続的に発信していく大切さを、園長と保育者が共有し実践することで、保護者が

園や子どもの様子に興味・関心をもち、園への理解や協力を深める結果につながることに注目しています。

園長

地域資源を保育環境として活用することによる多様な効果

RISSHO KID'Sきらりでは、午前中を中心に、天候にかかわらず必ず外で活動することを大切にしています。行き先や目的は保育者が決めるのではなく、朝の会の中で子ども同士が話し合い、決定・実現しています。

「また消防士さんに会いに行こう！（1歳児）」「昨日の続きの森探検しよう！（3歳児）」「材料がなくなったから買い物に行こう！（5歳児）」等、目的はさまざまですが、こうした地域資源との積極的なかかわりの中で、さまざまな気づきや学びのきっかけと出会い、経験や学びを積み上げながら生きる喜びを実感していく子どもの姿を目にすることができます。

次に、2歳児クラスの時から電車が大好きだった男児5人衆が5歳児になり、とことん電車との出会いやかかわりを楽しもうとする姿を紹介しながら、地域資源を魅力的な保育環境として積極的に活用していくことで生まれる多様な効果について整理します。

事例Ⅱ【5歳児・「電車」プロジェクト】

5歳児クラスに進級したばかりの春、担任保育者Mの「先生はきれいな桜が見てみたい！」というリクエストに対して、電車大好きチームのS児が「相武台前駅に行くと、桜のきれいな場所があるよ」という提案をしてくれたことから、桜探しが始まりました。「線路に沿って歩いて行けば必ず着くはず！」というK児の一言から、究極の電車オタク人生も始まり、電車の神さまAさんとの奇跡的な出会いを通して、電車大好きチームの園生活は、魅力溢れる発見と驚きの連続へと劇的に変化していきました。

①駅を訪れるたびに子どもたちが収集していたものが、各駅の時刻表です。「ほんとに時間どおりに電車は来るの？」「時間どおりに電車は出発するの？」等、時間に興味を示す子どもたちを見た保育者Mは、100円ショップで購入した腕時計を子どもたちにプレゼントしました。時刻表と腕時計を照らし合わせながら電車を観察しているうちに、子どもたちはいつしか、時計が読めるようになっていきました。

②身近な電車の路線に興味をもった子どもたちは、さまざまな鉄道会社に興味をもち、実際に試乗を繰り返しながら、電車の形や内装の違いに興奮するだけでなく、駅名の違いにも興味をもち始めました。そんな中、S児は身近な小田急線の駅名を、覚えたてのひらがなで書き始め、見事な路線図を完成させました。

③いろいろな電車を観察する中で、子どもたち一人ひとりのこだわりも生まれ、自分の大好きな電車が登場し始めます。細部までじっくり観察すればするほど、大好きな電車を再現したくなります。「ライトの数や位置」「椅子やドアの数」「先頭だから女性専用車両のマークをつけなくちゃ」等、針金を使って再現される電車は、個々のこだわりが満載です。

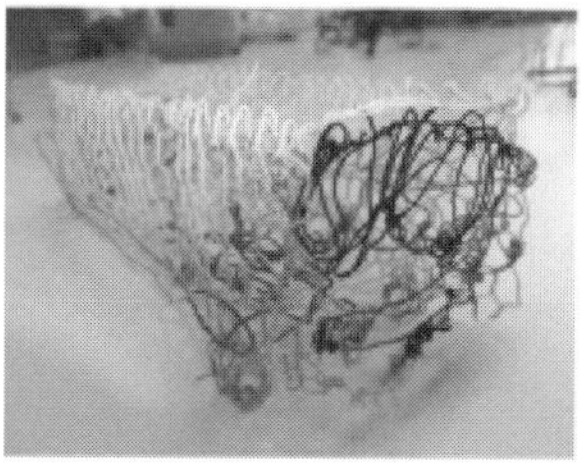

④わからないことがあると駅の構内まで足を運び、時間を忘れてじっくり電車の構造や車掌の言葉や動きを観察する子どもたち。自然と車掌や駅員とのふれ合いも生まれ、あいさつをしたり質問をしたりと、より憧れの存在となったのです。

⑤みんなで集めたスタンプラリーと景品を交換するために訪れた新宿駅。そこで偶然出会った人こそ、その後の子どもたちの電車人生に大きな衝撃を与えた、電車ショップの店員Aさんです。電車のことなら何でも知っている憧れのAさんとかかわる中で、「Aさんと一緒に電車が見たい！」「Aさんみたいなジオラマを作りたい！」「Aさんと同じカメラで電車の写真を撮ってみたい！」等、さまざまな経験をするだけでなく、Aさんの魅力に惹きつけられながら、みんなの大好きな存在へと変化していきました。

⑥Aさんとの出会いで、子どもたちが最も興味をもったのが「ジオラマづくり」です。Aさんが作ったジオラマの写真を参考に、まずはみんなでデザインを描いてみることにしました。「相模大野の駅が必要だね」「駅の近くに車庫があるね」「いつもみんなで遊ぶ公園も作ろう」「大好きな箱根登山鉄道を走らせるために、山もあったほうがいいね」等、1か月かけて大好きな地元の景色や魅力がふんだんに盛り込まれたオリジナルジオラマが完成しました。

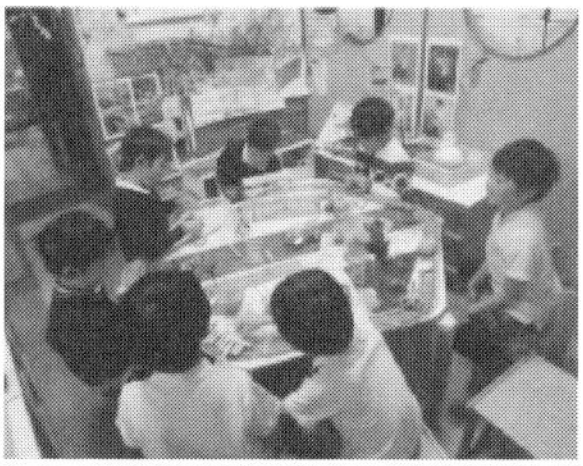

表7-3　地域資源を活用することの効果

地域資源を活用することの効果
○地域から生まれたテーマや課題解決に主体的に取り組む中で、「さまざまな学び」を深める
○人と出会いかかわる喜びを十分に味わうことで、「人を好き」になる
○さまざまな本物と出会い自分の地域がもつ魅力を実感することで、「地元を好き」になる

この事例からわかるのは、子どもたちが自らの興味・関心で自由に地域に飛び出していくことのできる環境は、さまざまな発見や出会いを生み出すだけでなく、多様な人やものとの出会いを通して「人やものとかかわる喜び」「自分の生きる町のもつ魅力や可能性」をダイナミックに実感し、満喫する姿を引き出すことが可能だということです。

こうした魅力や可能性に気づいていない保護者のなかには、地域での活動を安易に危険と認識している傾向がうかがえます。ですから、保護者会等を有効活用しながら、園長が自ら「地域を積極的に活用する保育の魅力や可能性」を保護者に伝える必要性を強く感じています。園長

地域を積極的に「巻き込む」ということ

今回は、RISSHO KID'Sきらりの事例を通して、園庭のない保育環境でも積極的に地域に足を運び、地域資源を活用することで、子どもたちにとって豊かな経験や学びの可能性が生まれることを紹介しました。実際に保育を実践するのは、一人ひとりの保育者です。しかし、今回お伝えした「地域資源の積極的な活用のもつ魅力や可能性」の実現のためには、まずは園長自らが行動を起こすことが求められると同時に、保育現場をリードしていく強い信念と思いが求められます。

園内の環境（室内や園庭等）を工夫することでも質の高い保育の実現は可能かもしれませんが、限られた人との出会いや発見、気づきの中で日々の保育が行われていることは否めません。ですから、まずは保育者が勇気をもって園外に目を向けてみてはどうでしょうか。

身近な地域の中に、園内では決して出会うことのできない本物があることに気づき、それらに子どもたちがふれることで魅力的かつ多様な刺激を受け、主体的に学び成長していこうとする姿を目にすることができることでしょう。私たち保育者には、質の高い保育の実現のためにも、地域資源の活用を通して「積極的に地域を巻き込んでいく」ことが求められているのです。

そこで最後に、私から二つの提案をさせていただきます。

【提案1】子育てにやさしい街を目指す

地域の中で子どもたちが生活していく姿が当たり前のように保障されていくことは、実は地域の中で子どもを中心とした「賑わい」を生み出していくきっかけにつながります。この賑わいにふれ目にした大人たちの胸の中には「子どもが大切にされた、子育てにやさしい街」という感覚が自然に湧き出し、街全体が子育てしやすい場になっていくのではないでしょうか。

【提案2】地元を愛する人間を育てる

地域の中で子どもたちがたくましく生活していく中で、地元の魅力を発見し生きる喜びを実感すれば、自然と地元を愛する人間へと成長していくのではないでしょうか。そして、この営みこそが子どもの中に「地域の一員として地域を支える力になりたい」という心を培うきっかけにつながっていくのではないかと考えます。

これらの提案を実現するために何より重要なのが、園長をはじめ保育者一人ひとりの子どもの願いや夢を汲み取り実現してあげたいという行動力です。そこで、園長である私が何より心がけていることが、まず保育者に「やってみたら！」と必ず声をかけることです。もし私自身にも不安がある時は、「何か困ったことが出てきたら、いつでも一緒に考えよう」と付け加えることにしています。園長として何よりうれしいことは、子どもだけでなく保育者一人ひとりが地域の中で楽しんで、自分らしく魅力的に輝く中で、地域から愛される存在へと成長していくことなのです。

第8章

子育て支援

子育ての負担感が高い現代の保護者

幼稚園が「地域における幼児期の教育のセンター」と幼稚園教育要領に位置づけられてからしばらく経ちます。これは今回の改訂でも引き続き大事な部分として、その内容が充実化されています。これはもちろん幼稚園だけでなく、保育所や認定こども園でも大切なことです。日々子どもと向き合う保育者より、園長が率先して地域における子育て支援を検討する必要があるでしょう。

ずいぶんと前から、子育てに不安感を感じる親が多いといわれています。以前は「子育てというすばらしい営みを不安に思うなんて！」と感じる人も多かったようですが、考えてみれば、子育てはそもそも不安がたくさんです。体調を崩したらどうしよう？言葉が出るのが遅いかも……。おむつがとれない！　など、子育てをしていれば多かれ少なかれ感じる事柄ですから、子育てに不安感を感じるのは当たり前のことです。しかし、このような不安が解消されず、またさまざまな状況が重なって子育てが負担に感じてしまうのであれば、話は変わります。

少し古い資料ですが、財団法人こども未来財団が行った子育ての負担感に関する調

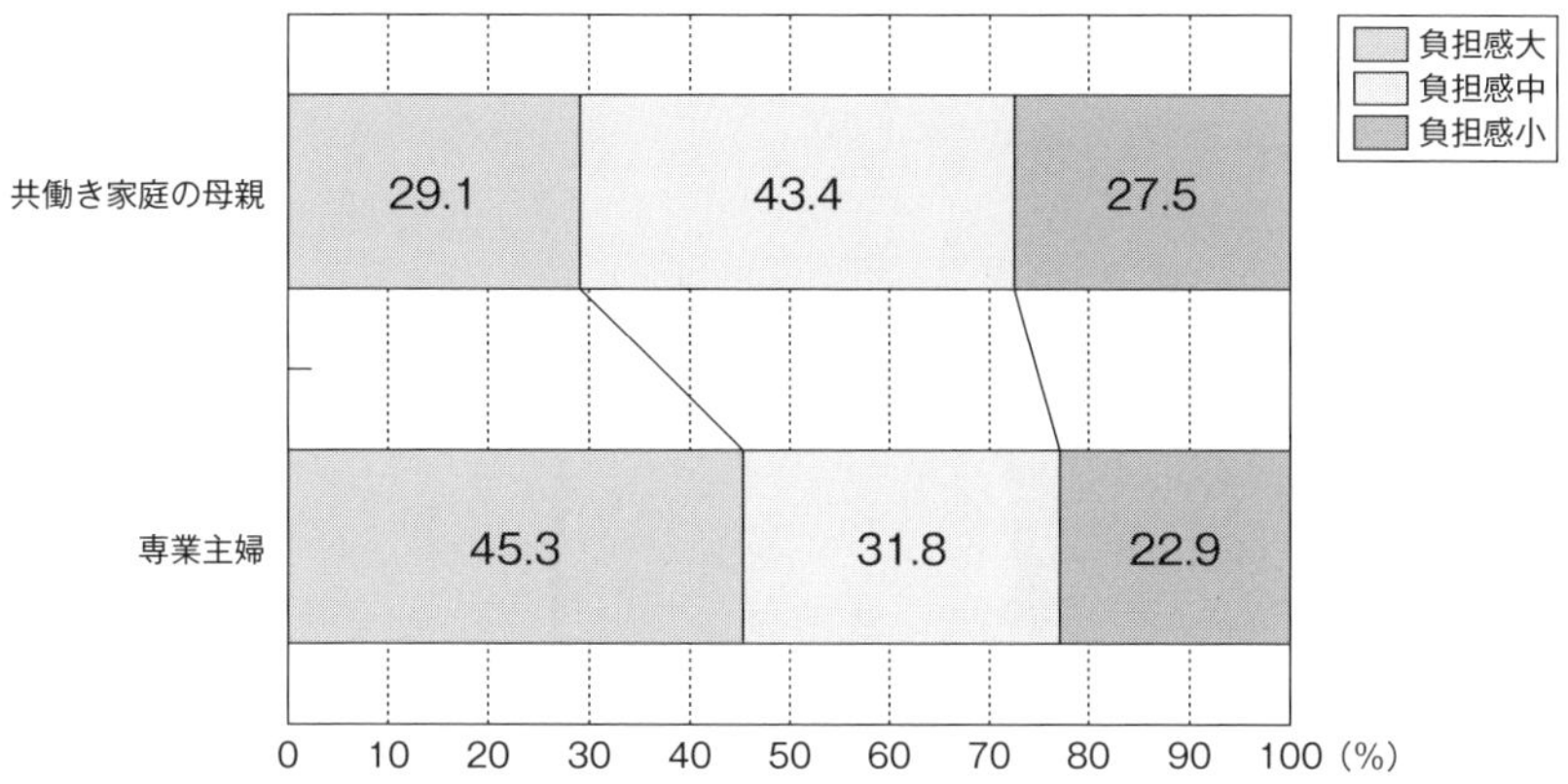

出典：財団法人こども未来財団「子育てに関する意識調査事業調査報告書」（2000（平成12）年度）

図8-1　子育ての負担感の状況

査があります（図8-1）。

この調査をみると、多くの母親が多かれ少なかれ負担感を感じていることがわかります。特に専業主婦のほうが負担感を大きく感じています。

共働き家庭は保育所を利用し、3歳以上児の子どもをもつ専業主婦の子どもは幼稚園に行くので、そこで子育ての情報を得たり、ママ友と出会ったり、子どもと離れる時間を確保して負担感が軽減していると考えると、幼稚園にも保育所にも行っていない0、1、2歳児の専業主婦の母親が負担感を感じているのではないかと推測されます。

幼稚園や保育所などにおける地域における子育て支援の利用対象者には、その0、1、2歳の子どもをもつ専業主婦が多くいるのではないでしょうか。

子育ては母親だけがするもの？

3歳までは母親は子育てに専念すべきという「三歳児神話」が「合理的な根拠は認められない」（厚生白書、1998）とされてずいぶんと経ちますが、まだこういった意識をもつ人は少なくないという実感があります。親が愛情をもって子どもを育てることはとても大切ですが、そもそも子育ては母親だけがするものなのでしょうか。

テレビアニメ「サザエさん」を思い返してください。あのアニメは、高度経済成長の時代の設定になっているのでしょう。専業主婦が増えてきた時代にもあたります。

そのサザエさんの息子タラちゃん。彼は幼稚園入園前ですが、一人で公園に行ったり、友だちの家に行ったりしています。防犯意識が今とは違うからともいえますが、町のみんながタラちゃんを見守っているから一人で行動できたとみることもできます。タラちゃんが歩いていると、お隣の伊佐坂さんや酒屋のサブちゃん、裏のおばあちゃんなど、いろいろな人がタラちゃんに声をかけ気にかけているのです。

一方、サザエさんは一人で買い物に出かけています。つまり、タラちゃんと常に一緒に行動しているわけではないのです。それは、家におばあちゃんや叔父、叔母に当たるカツオくん、ワカメちゃんがいることもありますが、町全体でタラちゃんを見守る文化があったからともいえます。

サザエさんより前の時代、日本の産業は農業などの第一次産業中心でした。第一次産業では、その多くが家族で仕事をすることが求められるので、母親も大切な労働力として働いていました。当時は電化製品もほとんどありませんので、家事労働は今よりも時間がかかっていたでしょう。そのなかで子育てもするわけですから、ずっと子どもと一緒ではなかったと想像できます。

また当時、交通網が発達していなかったこともあり、日本の多くの地域は職住近接で、そういう家庭が集まって村や町をなしていました。だからこその閉塞感はあったと思いますが、子どもたちだけが集まって群れて遊ぶことも可能だったのです。つまり、子どもたち同士で育ち合う感じです。

サザエさんや日本の以前の地域社会のあり方などを見ても、かつて母親だけで育児が行われていた時代はなく、たくさんの人が子どもとかかわって地域全体で子育てをしていたのです。

そのような時代と今では、環境が大きく異なります。交通網が発達し、いろいろなところに引っ越しが可能となり、地域に知り合いが多いという状況は少なくなりました。そのような状況のなかで、タラちゃんのように子ども一人で外出させることは日本のほとんどの地域で不可能です。また、家事労働時間が機械化により短縮され、子どもとかかわる時間は以前よりも増加しています。そのなかで母親が子育てに専念となると、子どものことばかりということになり、負担感が生じることにつながるのではないでしょうか。これは、負担感を感じるほど母親の育児能力が低下したのではなく、社会全体の変容によるものとみることができるのです。

その社会を変えたり、以前のようにしたりすることはかなり困難です。だからこそ、負担感を感じている地域の家庭を園が支援することは、今の時代とても大切だといえます。

地域の子育て支援でできること

近年、地域の子育て家庭向けのイベントや子育て広場などを実施する園が多くなりました。育児に不安感、負担感をもつ保護者が増えたという背景もありますし、これらをすることにより補助金が出る自治体も多くなってきているためとみることもできます。

このようなイベントや子育て広場を開催することには、大きな意義があります。密室育児の状況を示す「孤育て」や、母親一人の子育て状況を示す「ワンオペ育児」という言葉が生まれるぐらい子育ての状況は閉塞感があります。それを打破する一歩として、母親一人ではなく、同じ立場の人に会うことや子どもと出かける場所があることは安心感を生み出します。

こうした場所があるだけでも、行く場所の少ない親にとってはとてもありがたいことです。しかし、その場の人間が「子育てはもっとがんばりなさい」「子育てにもっと母親は専念したほうがいい」と思っていたら、どうでしょう。親にとって、せっかくの場所が行きにくいところになってしまいます。

ですから、園が地域の子育て家庭にできる第一歩は、「子どもはみんなで育てよう！母親は子どもだけのことを考える人じゃないよ」という気持ちをもつことです。そのことを念頭に置いた支援を紹介いたします。

事例1　土曜日を活用した地域開放イベント：A幼稚園

A幼稚園では、月1回程度、地域の子育て家庭および在園児家庭を対象とした子育てイベント（土曜コミュニティプログラム）を開催しています（表8-1）。

このプログラムはプログラム名に「コミュニティ」とあるとおり、地域のすべての子育て家庭を対象にしています。たとえば、11月実施の保護者会は、幼児期の子どもについて知ってもらう目的もあるので、在園児保護者に限定をしていません。また、ジャズコンサートは親子の部と大人だけの部を分けて実施し、子育て家庭だけでなく地域の方すべてを対象としています。これは、地域の人たちに幼稚園を身近に感じてもらいたいという思いがあるからです。

また、園庭開放が多いのは、親同士、子ども同士が自由につながりをもてるようにするためです。実際に園庭開放では、入園前の子どもをもつ親が在園児の保護者に子育ての相談をする姿もみられます。また、もう一つの理由が園の負担軽減です。園庭開放であれば、特に準備の必要はないので、園の負担が少なく地域の子育て支援が可能です。

なお、園の負担の一つにイベントの人的負担がありますが、A幼稚園では、保育者一人につき年2回担当としています。つまり、すべてのプログラムにすべての保育者が参加しているわけではありません。

事例2　カフェ併設をした認定こども園

以前新聞の記事で、園の騒音の問題が取り上げられていました。その裁判の判例では、園は勝訴しましたが、「施設に子どもを通わせていない住民は直接、施設から恩恵を受けていないとの考えを示した」という内容の文言が裁判長からあったとありました（2017年11月12日付読売新聞（東京））。

園が地域にあることのメリットとは何でしょうか。公共性の高い教育や保育をしているため、大きな意味では〝社会に貢献している〟といえるかもしれませんが、地域に対して直接メリットがあるかと問われると、限定的といわざるを得ません。

とはいえ、園が地域のメリットになるのは簡単なことではありません。保育者の業務をこれ以上増やすことが難しいのもありますが、そもそも園と地域は子どもを介さ

表8-1　土曜コミュニティプログラムの年間予定

1	4月	園庭開放
2	5月	親子ハイキング（高尾山）※
3	6月	ジャズコンサート
4	9月	外部講師講演会・園庭開放
5	10月	園庭開放
6	11月	保護者会・園庭開放
7	12月	もちつき
8	1月	園庭開放
9	2月	親子向けコンサート
10	3月	園庭開放

※希望する在園児親子のみ対象

ないと案外遠い存在かもしれません。保育に子育て支援と、現在の枠組みの中でできることをやっていても、子どもがいなければ敷居の高い施設ではないのでしょうか。

そこで、園と地域をつなぐ場としてcaféを設置しました（写真8-1）。caféのコンセプトは、大人も子どもも居心地のよいcafé。だからこそ、caféとしてのクオリティを最大限追求しました。

子ども連れでも来られるcaféの「運営しやすさ」だけを考えると、どこか幼稚になってしまいがちです。しかしそれでは、子どもがいない人にとっては居心地が悪く、敷居は高いままです。私自身、行きたいとは思いません。大人が一人で雰囲気を楽しめるクオリティにしつつ、子どもも居心地のよい場所になるために、いくつかの工夫をしました。

◎大人も子どもも居心地のよい場所になるために

環境面では、テーブル席と座卓の席を用意。入り口で靴を脱ぐ形にして、赤ちゃんがハイハイできるようにしました。また、小物や雑貨の販売コーナーの近くに、子どもに読んであげられるように、さりげなく絵本を配置しました。

人材の面では、マスターがポイントです。保育士資格をもつマスターは、子どもを温かい目で見守り、飛んだり跳ねたり…と、ほかのお客さんの迷惑になることをすると、子どもに注意します。それも保護者ではなく、子ども本人に言うようにしています。これが重要で、保護者もマスターもお客さんも、子どもの周りにいる大人というスタンスでいることで、保護者も変な気をつかわず、逆に何でもしていいというわけでもないという感じで過ごすことができるのです。

そして、地域の人が来たくなるコンサートやマルシェなどを企画。園の敷地に一歩入るところから、園と地域のつながりができます。

園長の仕事は、保育の質の追求と保育者の働きやすさをマネジメントすることが優先されるので、地域とのつながりに全力を投じるのは難しい部分があります。保育の専門家は、集客については残念ながら素人です。その点、caféを生業としている人は、

写真8-1　caféの店内

写真8-2　マルシェ（青空市）の様子

人集めのエキスパートです。そのネットワークと発想とセンスは、保育業界にはないノウハウがあるように思います。

そんな人がつながる仕掛けについていくつか紹介します。

コンサート

Caféのマスターのつながりで開かれたコンサート。ギタリストとインド楽器のコラボレーションの演奏を聴く機会は、よほどアンテナを張っていないとありませんが、在園児やcaféのお客さんを中心に、多くの方が集まりました。

マルシェ

マルシェとは、月1回開かれるcafé主催の青空市です(写真8-2)。パンや米粉のクレープ、無農薬野菜に雑貨やオーガニックのお菓子など、月によって出店するお店が異なるため、毎月来ても楽しめるマルシェは、ふらりと地域の方も足を運んでいただけます。

園の行事にふらりと来ることは難しくても、買い物のためならちょっと寄ることもできるようです。

写真8-3　造形遊びの様子

写真8-4　ワークショップの様子

子どものアトリエ

在園児を中心に、課外教室のように造形遊びができるアトリエは、地域の人たちもいるところで、子どもが自由に絵の具を楽しんでいます（写真8-3）。子どもがやっているいることを見て身近に感じることができれば、子どもの声も心地よいものになるかもしれません。

大人のワークショップ

リースづくりやお茶のブレンド体験など、大人向けのワークショップも開催します（写真8-4）。在園児の保護者や地域の方も足を運べるワークショップは、いつの間にか人の輪ができるきっかけとなります。

地域の特徴と園の資源の掛け合わせ

さまざまな人の力を借りながら、地域の方がひょっこり顔を出せる園になると、いろいろな人のつながりができ、ひいては保育の中にも多様な経験が生まれてくるかもしれません。

写真8-5　caféの外観

ちなみに運営に関しては、不動産賃貸の収益事業としていま す。運営はすべて委託しているので、園の増収にもなっていて、そのお金を子どもたちに還元することもできます。

Caféを通して園と人がつながり、人の輪のハブのように園がある。そんな園になることを目指しています。

日本のどこへ行っても同じ地域ということはあり得ません。都市部、住宅地、海や山など、日本にはさまざまな地域があり、それぞれに特徴があります。そのなかでさまざまな子育てをしている家庭があるのです。また、園もさまざまで、園がもつ資源もそれぞれです。地域における子育て支援は、地域の特徴と園の資源の掛け合わせでできるものといえそうです。その中での園長の役割は、子育て家庭の不安や負担感、地域の特徴を理解し、園の資源をどう活用できるかを考え、さまざまな人の力を借りて実践していくことでしょう。

Caféの事例では園長だけでなく、さまざまな人とのコラボレーションがあるからこそ可能となっている支援の形です。すべての園でcaféの経営ができるわけではなく、

地域によっては必要性がないところもあるでしょう。しかしcaféの事例にあるコラボレーションの重要性や誰にとっても居心地のいい場所になることは、どの園でも大切にしなければならない支援の形を示しています。参考にしつつ、自園でできる支援について検討をしてみてください。（鷹）

今でも超えられない高い壁

木村創（向山こども園　副園長・仙台）

○いつも自分を見てくれていた

私は、修行のために5年間、認定こども園の前身である幼保園のオープニングスタッフとして勤務しました。そこで、今でも目標にし、できればいつか超えたいと思っている園長とめぐり合いました。

1年目は、新設園の預かり保育の担当から始まりました。当時は働き方改革という概念は薄く、朝7時から夜9時までの勤務も珍しくなく、園全体が新しい制度に向かってもがいていました。

そんななか、最初はとにかく怒られたことしか記憶にありません(笑)。例えば保育の発信についてです。保育の内容をアルバイトの学生に伝えるため、メーリングリストで帰宅後に保育の様子を配信していましたが、なしのつぶて。読んでもらっているかどうかもわからないなか、毎日必死でメールを送っていました。

ある日の朝、突然園長に呼ばれ、事務室に行くと、手元には私の送ったメールがありました。一瞬「読んでもらえていた！」という喜びがありましたが、「ここに書いてあることは何だ⁉」と怒られ、暗澹たる気持ちになりました。私は生意気にも、教育標準時間の批判を書いてしまったことを怒られました。内容は覚えていませんが、今思うと結構ひどいことを書いていたと思います。

そのほかにも、とにかく書いて出せばいいかと手を抜いて書いた手紙の最後に「これからが楽しみです」と適当に締めくくって提出しました。すると、チェックから戻ってきた手紙の最後に一言「楽しみではありません」と書かれ、その後、保育のことを長々と聞かれ、説教されました。

しかし後になって思うと、園長は私の書いた文章をいつもしっかりと見てくれていました。だからこそ、手を抜いた時にはしっかり見抜かれていたのです。そして、諭される中で、私の話を聞いてくれました。たくさん怒られましたが、自分の主張ができなかったことはあまりなかったように思います。

園長はとにかく「一人でやっているわけではない」「いろいろな人の気持ちを考えること」「大切なのは子どもにとってどうなのかを考えること」ということを何度も私に教えてくれていました。

○一生懸命を認めてくれた

私は子どもの気持ちに寄り添って三輪車の遊びをしたのを園長にほめられたことをきっかけに、子どもと遊びこむことが楽しくなりました。その結果、園庭でダイナミックな水遊びをして斜面を水で大きく削ってしまい、土の下の雨水配管をむき出しにしてしまったり、住宅地の真ん中で焚火をしてみたり、柵がめぐらしてある隣の空き地に柵の切れ目から子どもたちと毎日入り込んで、カエルの卵を見つけたり忍者ごっこをしていたことについては、笑ってみてくれました。今、人の上に立つようになり、自分だったらそれを許可できるかというと、正直笑ってみることはできていないように思います。

当時、子どもたちのことを考えて突っ走っていた私の保育は、結構危ないところがあったと思うのですが、考えて行ったことについては、いつも笑ってくれていました。

また、非常に多忙な園長でしたが、朝早い時間であれば確実に話せるので、朝、事務室に押しかけると、いつもメールを打つ手を止めて、話を聞いてくれました。それができないときでも、夜にご飯をごちそうしてくれて、保育のいろいろな話を聞かせてくれました。

一生懸命やったことはとことん認め、外部からの大きな盾となり、外の知らない世界をたくさん見せてくれた園長が、私にとって、今でも超えられない存在です。

醍

保育者が生き生きと保育ができる環境をつくりだせる園長

亀ヶ谷元譲（宮前おひさまこども園　副園長・川崎）

○子どもを信じ、大人を信じる

私が最初に勤めた幼稚園は、〝自分で考え、自分で行動できる子ども〟という教育目標を掲げていました。

遠足で動物園へ行った際の出来事です。打ち合わせの際に、園長から「子どもたちが自分たちの好きなように動物園内を回ろう」という提案がありました。はじめは安全面の理由から反対していた保育者もいました。しかし、園長を中心に保育者で話し合いを重ね、保護者のボランティアを募ったり、日常的に異年齢保育を大切にしていたこともあり、3～5歳で小グループを作り、用務員や事務員を含む全職員が保育のねらいや安全面における配慮をしっかりと把握し、当日を迎えました。

結果として、大人が計画したルートを回るのではなく、子どもたちが自分たちで考え、自分たちの力で園内を散策する経験につながりました。つまり、自分で考え、自分で行動できる子どもという教育目標を体現する遠足となったのです。

当時、保育者としてどのような気持ちでいたかを思い返すと、子どもを信じる保育を行えることにやりがいと誇りを感じていました。園長の判断は、子どもを信じ、保育者や保護者といった大人を信じなければできないことだったのだと、今になってその決断のすばらしさに気づくことができました。

園長という立場は、常に判断と決断が求められます。その際、子どもにとってどのような経験になるか、どのような育ちにつながるかを、常に子どもの視点から判断し、決断できる園長にならなければいけないと感じています。

○園長の仕事は保育者の担任

もう一つ〝こんな園長のもとで働きたい〟を考えるうえで、心に刻まれている出来事があります。

私が2園目に勤務した園長と会話をしていたとき、「園長の仕事って何かわかる?」と尋ねられました。答えに詰まり考え込んでいると、「園長の仕事は保育者の担任だよ」と話してくださいました。

保育におけるリーダーシップの研究では、園長の役割として〝ケア的なリーダーシップ〟の重要性が明らかになっています。園長のケア的なリーダーシップによって、「ひとりひとりが尊重され、肯定され、かつ挑戦的な環境をつくりだすこと」*が園の保育の質を高めるのに重要であるということです。まさに、〝園長が保育者の担任〟として職員とかかわることが保育の質を高め、子どもたちの幸せへとつながるということです。

図のように、子どもたちが安心感をもって園生活を送るために、保育者が子どもに寄り添うように、園長は保育者がのびのびと保育を行えるよう

図　園長、保育者、子どもの関係

に見守り、支えていける関係性を築いていくことが求められています。

以上、理想の園長について、実体験としてこの園長のもとで働けて幸せと感じたことを紹介しました。幼稚園、保育所、認定こども園は子どものための施設です。だからこそ、子どもの視点から保育を考え、保育者が生き生きと保育ができる環境をつくりだせる園長を目指していきたいです。

園長

＊イラム・シラージ、エレーヌ・ハレット、秋田喜代美（監訳）『育み支え合う保育リーダーシップ』8頁、明石書店、2017年

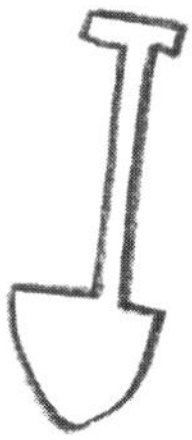

園の保育を改革するうえで園長に求められる決断とは
――改革を推し進める園長先生らの実践から考えます。

◎司会
大豆生田啓友先生（玉川大学教育学部　教授）
◎参加者
丸谷雄輔先生（札幌ゆたか幼稚園　園長）
曽木書代先生（陽だまりの丘保育園　園長）
栗原啓祥先生（幼保連携型認定こども園清心幼稚園　副園長）
（撮影：浅田悠樹）

第9章
園長の決断と実践〔座談会〕
――保育の質につなげる改革のプロセス

○子どもの声を聞くことの大切さ

大豆生田　今回は、保育所、幼稚園、認定こども園の園長・副園長にお集まりいただき、それぞれの立場から園長の仕事、役割についてお話しいただければと思います。まずは、それぞれの園の特徴について教えていただけますか。

丸谷　札幌ゆたか幼稚園は私が園長に就任して丸5年が経過しました。その間、遊びを中心に子どもの育ちを支えることを軸に運営してきました。一人ひとりの保育者が、目に見えない子どもの気持ちをどのようにくみ取っていくのかが原点にあります。その意味では、かつての音楽やプールといった園の特徴を問い直してきたといえます。

大豆生田　園の特徴をなくし、遊びを通した保育が保護者に対して説得力をもつためには、保育者の力量が問われますね。

曽木　私たちが大切にしているのは、子ども、保護者、保育者が一緒に生活を織りなすためのバランスです。コミュニケーションを密にとり、三者の思いの良い塩梅をとることを大切にしています。加えて、子どもの声を聴いて形にすることです。子どものつぶやきを保育者がくみ取り、一緒に興味の広がりを楽しんでいければと考えています。それが保護者や地域を巻き込んで、結果的にプロジェクト型の保育になってきました。

大豆生田　曽木園長は開設時から10年間、園を運営してきましたが、「変えてきた」というよりは「作り上げてきた」のでしょうか。

曽木　子どもの思いを形にすることに尽力しすぎて、大人の思いや願いがどこかに行ってしまった時期もありました。その意味では「変えてきた」こともありますね。

栗原　私たちの園は、明治28年創立と古い歴史をもっています。その始まりは地域住民と宣教師が一緒に作ったこともあり、いろいろな人がかかわってきたことが特徴です。そして現園長が25年ほど前に海外の幼稚園を視察し、遊び中心の保育を取り入れたことが、現在の保育の基盤になっています。その中で大切にしてきたのは、子どもの声を拾うことや保育者一人が受けもつ園児の人数を多くしないことです。

　私自身、現在は副園長としてフリーの立場で現場に入っています。

大豆生田　ありがとうございました。皆さんの園の特徴として一つ挙げられるのは、子どもの声を聴くということですね。それでは次に、そうした保育をどのように作り上げてきたのかをお伺いしたいと思います。

学校法人札幌豊学園
札幌ゆたか幼稚園
所在地：北海道札幌市
設立：昭和41年
定員：1学級26名以下

○保育者と子どもの育ち合い

丸谷　先ほどお話ししたとおり、音楽やプールを特徴としていた幼稚園から徐々に変えてきたことが、いろいろな意味で大きなハードルでした。それまでの「どのように集団を動かすのか」という保育から「個を育てる」保育に変えていく際に、個人の成長の記録を作りました。

それまではクラス単位で保育の記録を担任が作成・管理してきましたが、園児一人ひとりの個人ファイルを作成し、入園から卒園まで個人の記録を蓄積することにしています。

大豆生田　どのような内容のものですか？

丸谷　子どもの心が動いている場面や肯定的にとらえることができる場面を撮影し、担任保育者が写真の説明と成長への願いを記したものです。

そのために変えたことの一つが、1クラスの定員を減らしたことです。原則35名以下のところを26名以下にしました。個の育ちを大切にしようとしたときに、35名という人数は集団として大きい気がしたのです。

大豆生田　経営的に大丈夫ですか？

丸谷　少人数制による特定負担を保護者にお願いしています。それで何とかできていま

ちゃん　ものがたり

～札幌ゆたか幼稚園における成長の記録～

札幌ゆたか幼稚園

ちゃん　ものがたり

園児一人ひとりの個人ファイル

す。クラスの定員だけでなく、園全体の園児数も、これまでの２１０名の定員から１５０名程度に向けて減らしている最中です。保護者と園児の顔を職員が共通して深く把握・理解できる限界が１５０名程度かなと考えています。

大豆生田　遊びを中心とした子ども主体の保育を実践するために、記録と園としての構造を変えているわけですね。

曽木　私の園は、公立保育所を民営化した際に園児を引き継いだ経緯があるので、保護者との信頼関係を作ってきたことが保育に大きな変化をもたらしてきたと考えています。保護者からすれば、行政の都合で民間保育所に預けることになったので、私たちにも不信感を抱いていました。ですから、どう

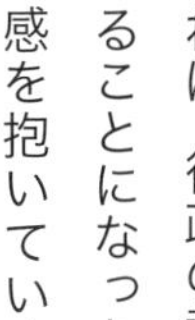

社会福祉法人龍美
陽だまりの丘保育園
所在地：東京都中野区
設立：平成20年
定員：123名（0～5歳児）

すれば信頼関係を築けるだろうか、どうすれば落ち着いた環境を作ることが出来るだろうか、ということから始めて、グループ分けや異年齢保育など、環境設定を試行錯誤しながら実践していきました。

さらに、子どもの様子を保護者に伝える手段として、ポートフォリオやドキュメンテーション、壁新聞などを徐々に作ってきたんです。

こうした実践は私一人だけで出来るものではなく、保育のカギとなる職員と一緒に、全国のいいなと思う保育所に数多く出かけて、自分の園では何が出来るのかを考えながら実践してきました。

大豆生田　曽木さんの保育所は、民営化を乗り越えてきた過程での試行錯誤が大きなカギですね。お話のなかで異年齢保育について触れられていましたが、その効果をもう少しお話いただけますか。

曽木　園では、乳児・幼児問わず異年齢でのかかわりを大事にしていますが、幼児は、グループ分けとしても3歳、4歳、5歳児の異年齢保育をしています。これらの子どもたちが交わると、下の子どもは上の子どもという目標ができることで、学びにとっては大きな意味をもちます。たとえば5歳児が遊んでいる様子を見て、1年、2年後に花が開くことがあります。また、上の子どもは下の子どもにやさしく接することで、情緒面での成長が促されます。

大豆生田　異年齢保育は育ち合いが起こりやすい仕組みだということですね。

栗原　私が心がけているのは、自分が園児だったらどのようにして遊びたいか、こうすれば面白いのではないかという、子どもの視点でマネジメントすることです。そのために、外部の資源と園を積極的につなげています。

大豆生田　具体的には、どのようなことですか。

栗原　たとえば、子どもたちが創作物をたくさん作って展覧会ごっこをしたいねという話になって、実際に美術館に見に行くことで、作品をどのように置いているのかを知ることができたり、地域に在住するアーティストに来てもらい、子どもと一緒に遊んだり、作ったり、私たち保育者の相談にものってもらっています。

大豆生田　皆さんの園の変化をお伺いしていると、そのなかで保育の質を高めるために職員がどのように気持ちを合わせてきたのか、いわゆる同僚性がカギになっていると思います。そこで次に、職員とのかかわりについてお伺いしていきます。

○職員同士が高め合う同僚性

丸谷　私が園長になって最初にしたのは、保育者を巻き込むことです。主任保育者を研修会や他園の見学に連れ出し、私の考えに理解をしてもらえるようにしてきました。次

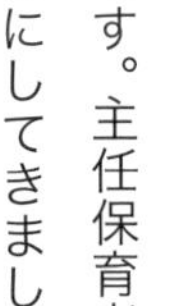

学校法人清心学園
幼保連携型認定こども園　清心幼稚園
所在地：群馬県前橋市
設立：明治28年
定員：各24名（3歳児、4歳児、5歳児）

第にリーダーなども同行させることで、私の考え方を園全体に浸透させていきます。その意味でも、年度初めに行う意思統一の研修は大切にしています。

また、保育者だけでなく、バスの運転手などともご飯を食べに行くなどコミュニケーションを図っています。

そのせいか最近は、離職率が減ってきた印象をもっています。経験のある保育者が増えることで、保育も安定してきましたね。

大豆生田　主任やリーダーと保育を作り上げること、意思の共通化を図る場の設定、ほかの専門職も巻き込んでいくことがカギですね。離職率が下がるということは、保育者が保育の楽しさを実感しているということですね。

丸谷　以前は環境設定や遊びの内容など、私からの発信が多かったのですが、最近では主任やリーダーが率先してやってくれます。自分たちが考えて実践しているから、遊びが楽しくなっているんだなという実感をもっています。

大豆生田　若手の保育者はどうですか。満足感や手ごたえを感じていますか。

丸谷　入職直後は仕事に慣れることが優先していますが、2年目あたりから遊びの仕掛けを自ら考えるなど、大変だけど楽しいという実感はもてているようです。

曽木　私の園でも、副園長や主任、リーダーなどは、いいなと思った園には数回に分けて見学に行かせています。そのあと、何が出来るのかを話し合い、環境を作ってきました。

それこそ、遊具一つひとつの目的や使い方をみんなで考えながら導入・利用してきましたね。

大豆生田　ほかの園に見学に行っても「うちじゃあできない」で終わる園も多いと思いますが、実現に向けて、職員の士気をどのように高めていくのですか。

曽木　出来ない理由は置いておいて、出来ることから前向きに考えました。また、遊具の鉄棒一つとっても、子どもが遊んでいて転落するなどのリスクがあります。そのリスクを自分たちが背負う可能性があることを踏まえても導入したいか、自分たちに問いかけました。そういった使命感が士気を高めたのではないでしょうか。

大豆生田　職員みんなで考える場面をうまく使っている印象を受けます。外部の資源を利用することの大切さが伝わりますね。

栗原　外部の芸術家やアーティストと言われる人たちが、私たちの保育に付き合ってくれているのは、現場がまだ彼らにとって興味深い場所であり続けているからだと思います。その意味では、常に試されているように思います。

一人ひとりの保育者が、目に見えない子どもの気持ちをどのようにくみ取っていくのかを大切にしています

丸谷雄輔

大豆生田　自分たちがいいと思う外部研修や実践をみんなで共有する基盤があるから、自分たちと異なるものとは折り合いをつけていけるのかなと感じました。最近の職員は内部のみんなで気持ちを合わせてやろうとなりがちですが、外部の異なるものを含めて実践に取り込む「多様性への寛容さ」が大切なんでしょうね。

○子どもを介した保護者との関係

大豆生田　これまで職員との関係性についてお話いただきましたが、保育を変えてきた流れのなかで、保護者との付き合い方も重要な要素だと思います。そこで、どのように保護者の賛同を得てきたのかをお伺いできればと思います。

丸谷　私は園長就任後の5年間で、１３０枚程度の園長通信を出しました。そうやって自分たちの保育を保護者に伝えてきました。

さらに、入園前の見学に力を入れてきました。一般的には、説明会の際などに、ある程度のまとまりで園の概要を説明すると思いますが、私たちは1組の保護者に園長または主任が1時間から1時間30分程度かけて、個別に説明したりしています。

さらに、園参観も1回につき5名程度に絞り、園長や主任が一緒に園内をまわりながら、保育について説明しています。

> 自分が園児だったらどのようにして遊びたいかを心がけています
>
> 栗原啓祥

大豆生田　園長や主任、リーダーが保育者に保育を語るということが特徴的ですね。多くの園では、保育のことは現場に任せるという発想だと思います。

丸谷　保育に対する誤解によるトラブルは確実に減りましたね。謝恩会などに出席していると、私たちの思いが保護者に伝わったという実感を得ることができます。

曽木　私たちも入園説明会や園長通信を通して、自分たちの保育を伝えるようにしています。保護者からは「いつも熱いお便りをありがとうございます」という声をいただいています（笑）。開園当初は、子どもが保育所を好きになると、保護者の顔つきも温和になることがありましたが、最近は保育所で抱いた興味や関心を家に持ち帰り、週末に親子で行動に移すということが増えています。

大豆生田　子どもたちに、ある興味や関心事が浮かび上がり、多様なかたちで外部に発信することで、保護者にも可視化されて、家で対話が起こる。それを園に持ち帰るという循環が生まれているんですね。

曽木　そうですね。

大豆生田　保育そのものが家庭と循環しているのが特徴的ですよね。

栗原　今の話を聞いていて、私の園ではそこまで循環していないように感じました。逆に、すべてを見せようというよりも、意識的に見えない部分を作っておいて、親子のコミュニケーションに委ねたいという思いがあるんですね。毎日のようにドキュメンテーションを作られている園もありますが、職員には大きな負担になりませんか？

丸谷　きついですよね。

栗原　保育者も常に評価されている気分になります。ですから、年長児ぐらいになったら、子どもが保護者に園での出来事を話したくなるような保育ができればいいなと思っています。保護者には「園での様子はお子さんに聞いてください」と伝えています。

大豆生田　保護者は保育の様子が見えないと不安になり、子どもたちに根掘り葉掘り聞くことになりそうですね。そうすると、見えないまま、わからないままにならないかなという危惧を感じます。

栗原　そのあたりは手探り状態です。子どもの表情やしぐさ、言葉から、園での様子を感じ取る想像力を保護者に身につけてほしいという思いはありますが。

○園長としての雰囲気づくり

大豆生田　ここで話を本題に戻して、皆さんが園長として大切だと考えていることは何でしょうか。自分として力を入れていることがあればお話しください。

曽木　私は、園長としての自分の雰囲気を大切にしています。園長が落ち着いていると、主任にその雰囲気が伝染します。そして主任の雰囲気が保育者に伝染して、保育者の雰囲気が子どもにも伝染します。

大豆生田　園長の雰囲気づくりは大切ですね。以前ある園長が、職員間のギスギスした雰囲気が、お互いの声のかけ方にも表れると言われていましたが、園長自ら声のかけ方などを意識することで、園の雰囲気が形成されていきます。

曽木　子どもが落ち着いているなと思うクラスは、大体保育者が落ち着いているんですね。

丸谷　私は、職員の声やしぐさ、行動に敏感に耳を傾けています。みんなが何をしているのか、気になって仕方ないんです（笑）。ですから、職員の声のかけ方などはすごく気にします。

外部研修を通して、
職員の話を聞くことの
大切さを学びました

曽木書代

もう一つは、外部のさまざまな情報を園内に落とし込む存在でありたいということです。それは保育や幼児教育、さらには他人の考え方や、社会全体の事柄です。その意味では、自分が常に職員の先頭に立っていなければならないという自覚は常にもっています。

大豆生田　職員の声や行動、しぐさに敏感という話ですが、何が一番気になりますか。

丸谷　朝の挨拶の際、職員に元気があるかどうかから、何に悩んでいるのか、どのような壁にぶつかって表情が曇っているのかなどですね。

大豆生田　幼稚園ならではという感じがしますね。幼稚園の職員室は小学校と同じく、みんなが集う場所であり、みんなの声が聞こえる場所ですよね。

　幼稚園が認定こども園になると、職員が増えることになり、そうした文化が失われる可能性もありますね。

栗原　私の園は幼稚園から認定こども園になりましたが、調理スタッフなども含めて職員が増えました。非常勤の職員も増えて、その意味では、人間関係が薄くなってきているなと感じています。

○その人らしさを肯定する風土

大豆生田　皆さんのお話で共通しているのは、外部の資源を上手に使おうとしていることだと感じました。それも、既存の研修を受講するだけでなく、自ら情報を得ようとしていますね。

曽木　外部の情報を吸収することで一番変わったのが、職員とのコミュニケーションです。それまでは、外部から吸収した知識を一生懸命職員に伝えることが自分の使命だと肩肘を張っていましたが、カウンセリングや心理学の研修を受講して、職員の話を聞くことの大切さを学びました。

大豆生田　離職する保育者の離職理由の一つは、自分が（職場で）大切にされていないという感じなんです。だから、温かい言葉をかけてもらったり、自分の話をちゃんと聞いてもらえたりということが大切なんです。

曽木　新人保育者には、少し年上で話をしやすい保育者をペアにつけるようにしています。加えて私が大切にしているのは、保育者の居場所づくりです。今、自分の居場所があると思える雰囲気づくりについて、ほかの保育者と一緒に試行錯誤しています。

丸谷　私の園では、保育者一人ひとりのキャラクターをある意味大切にしています。各人の持ち味を前面に出して共有することで、失敗してもフォローし合える雰囲気が生まれるのではないでしょうか。

大豆生田　保育以前の話ですが、その人らしさを肯定する風土をどのように作り上げていくのかということですね。

丸谷　歓迎会などでは、うちはひたすらゲームをやります。チーム戦などで対抗していくなかで、その人の特徴が見えてきます。また、保護者に対しても、年度初めに職員一人ひとりの特徴が書かれた手紙を出して、保護者にもそうした風土が伝わるよう工夫しています。

栗原　新人とペアになる先輩保育者には、2、3年後を視野に入れて、ていねいに新人が育つ環境づくりをお願いしています。

○保育者の働き方改革

大豆生田　働きやすい職場環境が整備されて、保育が楽しくなってくると、超過勤務など働き方の問題が懸念されます。最近では、リーダークラスの保育者が子育てをしながら働くことのできる環境づくりも大切です。皆さんの園では、どのように配慮されていますか。

曽木　シフト管理を徹底することに加えて、リーダークラスが、自分たちが効率よく仕事をすることを考えるようになりました。若手保育者だけが早く帰りたいと思っても、現実には難しいですよね。ですから、カギとなる人が早く帰らなければならないというのは大きいと思います。

栗原　私の園では、保育者が自分の子どもを自園に通わせて、親子一緒に登園する家庭が3組ほどいます。乳幼児期は風邪もひくし突然休む状況もあるので、園全体でフォローできる雰囲気は大切ですね。そのためには、不公平感の出ない配慮も大切だと思います。

曽木　今、子育て中の保育者を有休消化の標準にしようと考えています。経営的には苦しいですが、新人からベテランまでが、休みを取りやすいバランスを模索している最中です。

大豆生田　職員の採用や配置についてはいかがですか。

丸谷　札幌市も人手不足が深刻なので、養成校の教員に私の園の保育を理解してもらう機会を大切にしています。教員に私の園の様子を理解してもらえれば、学生も「この園はこういった保育を大切にしている園だ」ということを理解して採用面接に来てくれま

す。

栗原　新人の配属は現場の保育者と一緒に考えますが、その新人がどの年齢の子どもにマッチングするかを大切にしています。そのほかの保育者の配置については、主幹クラスの保育者にもかかわってもらい、その年の保育計画や見通しについてイメージの共有を図ろうとしています。また、毎年本人の意見を聞くようにしています。希望が叶うかどうかは別にして、不公平感があってはいけないと思うんです。

大豆生田　実現するかどうかは別にしても、希望を聞いてもらったかどうかは大切ですよね。

曽木　私の園では、配属に関して保育者からアンケートをとるようにしています。そのうえで、本人の希望と園としての希望、さらにはクラス運営の視点から考えるようにしています。

大豆生田　皆さんが園長として一番力を入れているのが、やはり職員が仕事をしやすい環境づくりだと感じました。そのことが結果的に保育の質の向上に貢献していると思います。本日はありがとうございました。

（収録日　２０１８年4月5日）

おわりに

最近、幼稚園や保育所の実践者や保育者養成校の教員と話をしていて、よく話題に上ることがあります。それは「この10年間でずいぶんと変わったよね」ということです。この「変わった」は、多くの場合「よくなった」という意味で使われています。

というと、昔が悪かったというようにとらえられてしまうかもしれませんが、そういうことではなく、今までのたくさんの関係者の努力や工夫や実践が今の方向性を作り上げてくださったのです。

この10年で保育の世界はいろいろなことがわかってきました。そして、それに合わせるようにいろいろなことが変わってきています。さらに、インターネットの発達やＳＮＳの普及などにより情報のスピードは格段に上がり、さまざまなところで議論が活発に行われるようになりました。本著は、そのような時代のなか、園長の仕事を見直してみようよ、改めて考えてみようよという思いで執筆を始めました。

執筆陣をご覧いただければわかるとおり、研究者、幼稚園、保育所、認定こども園と、いろいろな立場の方々に執筆していただけました。これだけ多様な立場の人に執筆してもらえたのも、近年の「変わった」ことの一例です。

この10年で幼保の壁は驚くほど下がりました。昔は幼稚園が上で、保育所は下というような見当違いなことを言う人も多かったですが、今はずいぶんと変わり、ともに子どもたちのことを考えていこう！　超党派でいこう！　という雰囲気があちらこちらでみられます。

また、執筆陣は30代前半から50代後半まで幅広い年齢の方々です。これもある意味、今を象徴していると思います。若く熱い思いをもつ人が増え、そして、それを受け止め、ともに歩んでいこうとする業界のミドルリーダーという図式です（本著でも書かれている組織論と一緒です）。様々な世代がぶつかって、新しいものを作り出していこうとする風が吹いているのです。

今、いろいろなことが変わろうとしています。しかしそれは、時代に迎合するというものではなく、原点を改めて大切にしようとしているのです。

本著には時代に応じたさまざまなあり方が述べられていますが、それはどれも保育の原点に立ち戻ろうとしているのです。本著を通して保育の原点も感じていただければ幸いです。

最後になりましたが、執筆していただいた先生方、掲載させていただいた豊かな実践を日々行っている現場の先生方、座談会に出席してくださった先生方、そして、本著の提案から編集、さまざまな調整をしてくださった中央法規出版の平林敦史さん、みなさまに感謝申し上げます。ありがとうございました。

玉川大学・東一の江幼稚園　田澤里喜

編著者

田澤里喜（たざわ・さとき）
第1章・第2章・第8章
玉川大学教育学部乳幼児発達学科　准教授、学校法人田澤学園東一の江幼稚園　園長。専門は乳幼児期における保育現場での保育方法、実践の研究及び、子育て家庭そして地域に対する支援の研究。著書に『あそびの中で子どもは育つ　実践例だからわかりやすい！保育のキーワード！』（世界文化社、2018）、『保育内容総論』（玉川大学出版部、2018）などがある。

若月芳浩（わかつき・よしひろ）
第6章
玉川大学教育学部乳幼児発達学科　教授。学校法人育愛学園　理事長・四季の森幼稚園　園長。乳幼児期の発達をとらえ、その時期に相応しい保育方法や保育内容の検討を中心に研究している。中でも障害のある幼児を含む保育のあり方については、幼稚園の実践の中から受け入れのポイントや方法論などを幅広く研究している。著書に『人間関係の指導法』（編著、玉川大学出版部、2015）、『環境の指導法』（編著、玉川大学出版部、2014）などがある。

著者

木村 創（きむら・はじめ）
第2章・第8章
学校法人仙台こひつじ学園向山こども園　副園長

妹尾正教（せのお・まさのり）
第3章
社会福祉法人仁慈保幼園　理事長兼統括園長

安達 譲（あだち・ゆずる）
第4章
学校法人ひじり学園　理事長

亀ヶ谷元譲（かめがや・もとのり）
第5章
学校法人亀ヶ谷学園宮前おひさまこども園　副園長

坂本喜一郎（さかもと・きいちろう）
第7章
社会福祉法人たちばな福祉会
RISSHO KID'Sきらり　園長

（所属・肩書きは2018年7月1日現在）

保育の変革期を乗り切る
園長の仕事術

保育の質を高める幼稚園・保育所・認定こども園の経営と実践

2018年8月20日　初　版　発　行
2021年3月1日　初版第4刷発行

編　著　者　田澤里喜・若月芳浩

発　行　者　荘村明彦

発　行　所　中央法規出版株式会社
〒110-0016　東京都台東区台東3-29-1　中央法規ビル
営　　業　　　TEL03(3834)5817　FAX03(3837)8037
取次・書店担当　TEL03(3834)5815　FAX03(3837)8035
https://www.chuohoki.co.jp/

印刷・製本　株式会社アルキャスト

装　　丁　Boogie Design

イラスト　川原真由美

定価はカバーに表示してあります。
ISBN978-4-8058-5726-7

本書のコピー、スキャン、デジタル化等の無断複製は、著作権法上での例外を除き禁じられています。また、本書を代行業者等の第三者に依頼してコピー、スキャン、デジタル化することは、たとえ個人や家庭内での利用であっても著作権法違反です。
落丁本・乱丁本はお取替えいたします。

本書の内容に関するご質問については、下記URLから「お問い合わせフォーム」にご入力いただきますようお願いいたします。
https://www.chuohoki.co.jp/contact/